논픽션 독해력 수직 상승!

1 논픽션 필수 코스, 미국 교과과정의 다양한
배경지식 습득

2 가지고 있는 지식과 새로운 정보를 연결하여 내 것으로 만드는
통합사고력 향상

3 꼼꼼히 읽고 완전히 소화하는 단계별 독해 유형 연습으로
문제 해결력 향상

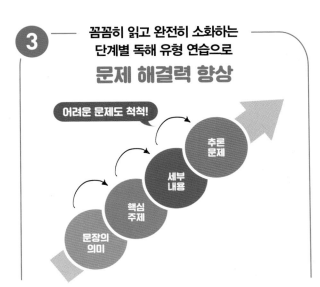

4 논픽션 리딩의 시작부터 깊이 있는 이해까지 가능하게 하는
수준별 난이도 설계

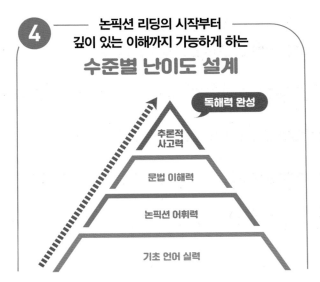

5 스스로 계획하고 점검하여 실력을 쌓아가는
자기주도력 형성

학습 계획표를 작성하며 스스로 점검

학습 연차별 다양한 문제 구성으로 수준별 선택

온라인 복습 퀴즈로 학습 효과 확인

Author Soktae Oh

For over 20 years, he has been developing English educational reference books for people of all ages, from children to adults. Additionally, he has been establishing a strong reputation in the field of teaching English, delivering engaging and enlightening lectures that delve deep into the essence of the language. Presently, he is actively working as a professional author, specializing in English content development.

미국교과서 **READING LEVEL 3 ❷**
American Textbook Reading *Second Edition*

Second Published on August 14, 2023
Second Printed on August 30, 2023

First Published on June 19, 2015

Written by Soktae Oh
Editorial Manager Namhui Kim, Seulgi Han
Development Editor Mina Park
Proofreading Ryan P. Lagace, Benjamin Schultz
Design Sanghee Park, Hyeonsook Lee
Typesetting Yeon Design
Illustrations Sunghwan Bae, Jiwon Yang
Recording Studio YR Media
Photo Credit Photos.com, Shutterstcok.com

Published and distributed by Gilbutschool

56, Worldcup-ro 10-gil, Mapo-gu, Seoul, Korea, 121-842
Tel 02-332-0931
Fax 02-322-0586
Homepage www.gilbutschool.co.kr
Publisher Jongwon Lee

ISBN   979-11-6406-545-5 (64740)
         979-11-6406-537-0 (set)
(Gilbutschool code : 30543)

미국교과서 리딩

READING

LEVEL 3 ②

길벗스쿨

영어 리딩 학습의 최종 목표는 논픽션 독해력 향상에 있습니다.

우리는 논픽션 리딩을 통해 다양한 분야의 어휘와 지식을 습득하고 문제 해결 능력을 키울 수 있습니다. 또한 생활 속 실용문과 시험 상황의 복잡한 지문을 이해하고 분석하며, 나에게 필요한 정보를 추출하는 연습을 할 수 있습니다. 논픽션 독해력은 비판적 사고와 논리적 사고를 발전시키고, 영어로 표현된 아이디어를 깊이 있게 이해하고 효과적으로 소통하는 언어 능력을 갖출 수 있도록 도와줍니다.

미국교과서는 논픽션 리딩에 가장 적합한 학습 도구입니다.

미국교과서는 과학, 사회과학, 역사, 예술, 문학 등 다양한 주제의 폭넓은 지식과 이해를 제공하며, 사실을 그대로 받아들이는 능력뿐만 아니라 텍스트 너머의 맥락에 대한 비판적 사고와 분석 능력도 함께 배울 수 있도록 구성되어 있습니다. 미국 교과과정 주제의 리딩을 통해 학생들은 현실적인 주제를 탐구하고, 아카데믹한 어휘를 학습하면서 논리적 탐구의 방법을 함께 배울 수 있습니다.

탁월한 논픽션 독해력을 원한다면
미국교과서 READING 시리즈

① 미국교과서의 핵심 주제들을 엄선하여 담은 지문을 읽으며 **독해력**이 향상되고 **배경지식**이 쌓입니다.

② 꼼꼼히 읽고 완전히 소화할 수 있도록 하는 수준별 독해 훈련으로 **문제 해결력**이 향상됩니다.

③ 가지고 있는 지식과 새로운 정보를 연결해 내 것으로 만드는 **통합사고력**을 기를 수 있습니다.

④ 스스로 계획하고 점검하며 실력을 쌓아가는 **자기주도력**이 형성됩니다.

⑤ 기초 문장 독해에서 추론까지, 학습자의 **수준별로 선택하여 학습할** 수 있도록 난이도를 설계하였습니다.

미국교과서 READING 단계 소개

〈미국교과서 READING〉 시리즈는 독해에 필요한 기초 언어 실력을 다지는 논픽션 리딩 준비부터 통합사고력을 키우는 논픽션 고급 독해력을 훈련하는 단계까지 학습자의 수준별로 선택할 수 있도록 총 5단계로 구성됩니다.

Level 1

영어학습 1년 이상 | 30~40 단어 수준
BR-200L | AR 0.4-1.6

기초 어휘와 필수 패턴
문형으로 논픽션 리딩 준비

Level 2

영어학습 2년 이상 | 40~60 단어 수준
210-400L | AR 1.3-2.4

기초 논픽션 어휘, 내용 이해,
기초 리딩 스킬 연습

Level 3

영어학습 3년 이상 | 60~80 단어 수준
400L-600L | AR 2.0-4.0

교과 지식 습득과 논픽션 독해
력 향상을 위한 정독 연습,
문법, 추론유형

Level 4

근간 예정

영어학습 3년 이상 | 90~120 단어 수준
550-720L | AR 3.7-5.9

독해력과 비판적 사고력을
향상시키는 장문 독해,
문법, 추론, 어휘 확장

Level 5

근간 예정

영어학습 4년 이상 | 130~180 단어 수준
650-820L | AR 4.8-6.7

비판적, 통합사고력을 향상
시키는 리딩 스킬,
통합사고 유형, 문법, 작문

LEVEL 3 논픽션 정독 연습

1. 미국 교과과정 핵심 주제별 배경지식과 어휘 학습
2. 꼼꼼하고 정확하게 읽는 정독과 다양한 문제 풀이
3. 정확한 내용 이해에 도움을 주는 문법 요소 학습
4. Level Up 추론유형으로 상위권 독해 문제 도전
5. Summary 활동으로 핵심 어휘 복습, 내용 통합 훈련

Before Reading

논픽션 주제 관련 단어와 그림을 통해 글의 내용을 예측합니다.

QR코드를 스캔하여 정확한 발음 확인하기

① Check Your Knowledge

문장을 듣고, 이미 알고 있는 내용인지 확인하며 배경지식을 활성화합니다.

③ Reading Focus

글에서 반드시 파악해야 하는 중심 내용을 미리 확인합니다.

② Vocabulary

단어를 듣고, 본책 맨 뒤의 단어리스트를 활용하여 의미를 확인합니다.

Reading

미국교과서 핵심 주제의 논픽션 글을 읽으며 교과 지식과 독해력을 쌓습니다.

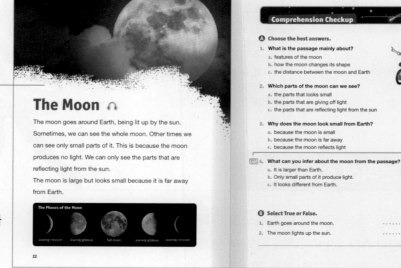

Reading Passage

음원을 들으면서 중심 내용과 세부 내용을 파악하고, 중요 단어의 의미를 떠올립니다.

Comprehension Checkup

글을 올바르게 이해했는지 다양한 문제로 확인합니다.

Level Up

사고력을 요하는 추론 유형으로 상위권 독해 문제를 경험합니다.

After Reading

단어와 문법 요소를 점검하고,
전체 내용을 요약하며 정리합니다.

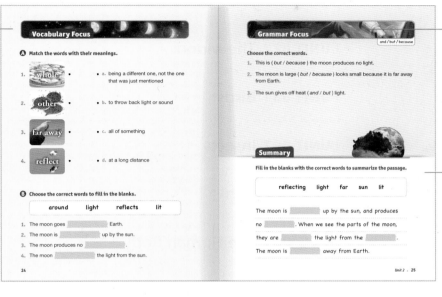

Vocabulary Focus

Ⓐ 영영 풀이로
단어의 의미를 복습
합니다.

Ⓑ 문장 단위에서
단어의 의미와
활용을 확인합니다.

Grammar Focus

문법 요소를 익혀
문장을 바르게
해석할 수 있도록
합니다.

Summary

알맞은 단어를 채워
요약문을 완성하며
글의 내용을 통합하여
정리합니다.

Chapter Review

과목별 주요 단어와 문장,
문법을 복습합니다.

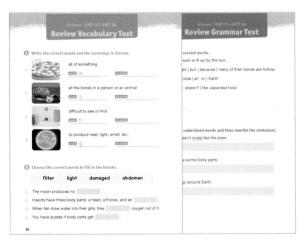

Workbook

배운 단어의 의미를
확인하고, 문장으로
복습합니다.

〈권말 부록〉 단어리스트

무료 온라인 학습 자료 길벗스쿨 e클래스(eclass.gilbut.co.kr)에 접속하시면 〈미국교과서 READING〉
시리즈에 대한 상세 정보 및 부가학습 자료를 무료로 이용하실 수 있습니다.
① 음원 스트리밍 및 MP3 파일 ② 추가 워크시트 4종 (단어 테스트, 문장 쓰기, 해석 테스트, 리딩 지문 테스트)
③ 복습용 온라인 퀴즈

미국교과서 READING 3.2   CONTENTS

미국교과서 READING 3.2　주요 학습 내용

SUBJECT	UNIT	TOPIC	VOCABULARY	GRAMMAR
SCIENCE	01	Astronomy	Sun, star, give off, heat, light, planet, big, bright, close	definite article *the*
	02	Astronomy	moon, whole, other, produce, reflect, far away	Conjunctions *and*, *but*, *because*
	03	Birds	feather, creature, fly, wing, light, skeleton, bone, hollow	Present simple negative (do / does not + infinitive)
	04	Insect Biology	insect, thorax, abdomen, surprisingly, pest, important, for instance, dung beetle	Prepositions *to*, *for*
	05	Fish Biology	lake, oxygen, breathe, gill, draw, filter, tail, flick, fin, steer	Modal verb *can*
	06	The Human Anatomy	different, hidden, inside, in pairs, spare, damaged	Subject-verb agreement
SOCIAL STUDIES	07	Economics	goods, grow, farm, kind, building, factory, instead, store	cannot(can't) + infinitive
	08	History of Tools	tool, task, change, farmer, plow, plant, crop, simple, fast	Comparative adjectives (-er)
	09	Asia	continent, cover, contain, empty, desert, mountain, surround	Superlative adjectives (the + -est)
	10	Europe	neighbor, touch, northwestern, stretch, divide, mountain chain, peak, north, south	Conjunction *and*
	11	Africa	largest, northern, dry, central, heavy, water	Quantitative adjectives *little*, *few*
	12	North America	reach, border, the United States, almost, part, west, east	Ordinal numbers

SUBJECT	UNIT	TOPIC	VOCABULARY	GRAMMAR
LANGUAGE ARTS	13	Aesop's Fable	hare, boast, race, tortoise, serious, dart, ahead, steady, nap	Past tense
	14		fine, grasshopper, hop, nearby, hard, fellow, future, chill, bare, freezing	Prepositions *at, for, about, in, of*
MUSIC	15	Classical Music	classical music, standard, compose, talented, play, perform, skill	Preposition *by*
	16	Jazz Music	jazz, born, blues, influence, mix, instrument, trumpet, saxophone, clarinet, drum	called, be called
VISUAL ARTS	17	Color Sorting	separate, crayon, marker, oil pastel, pile, draw, thought, favorite	Imperative form
	18	Analyzing Art	hunter, season, winter, spring, weather, pond, match, dull	Preposition *in*
MATH	19	Addition	add, number, together, result, sum, plus, equal	There is / There are
	20	Number Comparison	greater, because, more, also, write, sign, mean, less	Comparative adjectives (-er + than)

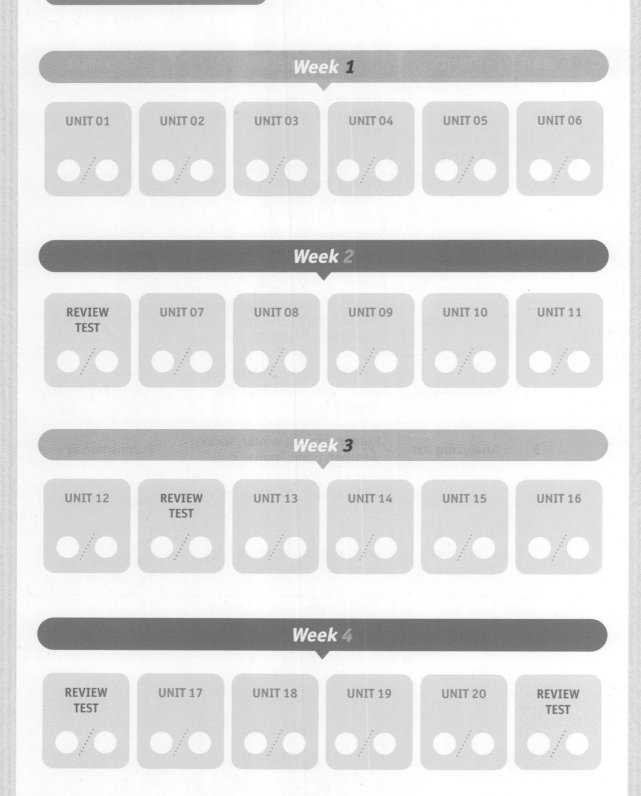

Daily Reading Plan

Week 1

| UNIT 01 | UNIT 02 | UNIT 03 | UNIT 04 | UNIT 05 | UNIT 06 |

Week 2

| REVIEW TEST | UNIT 07 | UNIT 08 | UNIT 09 | UNIT 10 | UNIT 11 |

Week 3

| UNIT 12 | REVIEW TEST | UNIT 13 | UNIT 14 | UNIT 15 | UNIT 16 |

Week 4

| REVIEW TEST | UNIT 17 | UNIT 18 | UNIT 19 | UNIT 20 | REVIEW TEST |

Science

The Sun

🎧 Listen and check ☑ what you already know.

① The sun is a star. ☐

- What does the sun give off?
- Why does the sun look bigger and brighter than other stars?

② Earth gets heat and light from the sun. ☐

Vocabulary

- √ **sun**
- √ **star**
- √ **give off**
- √ **heat**
- √ **light**
- √ **planet**
- √ **big**
- √ **bright**
- √ **close**

The Sun 🎧

The sun does not look like the stars. But it is a star all the same. Just like other stars, the sun gives off heat and light. Earth, our planet, gets heat and light from the sun.

The sun looks so much bigger and brighter than other stars because it is so much closer to Earth.

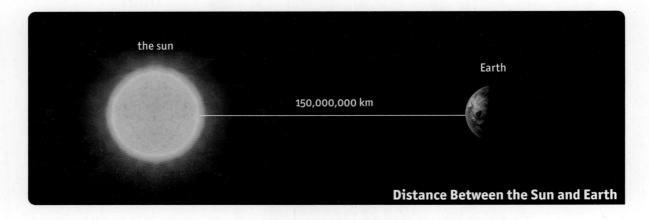

the sun

Earth

150,000,000 km

Distance Between the Sun and Earth

Comprehension Checkup

A Choose the best answers.

1. **What is the passage mainly about?**

   a. features of the sun

   b. features of Earth

   c. kinds of stars

2. **What do stars do?**

   a. Stars give off heat and light.

   b. Stars get closer to Earth.

   c. Stars move toward the sun.

3. **Why is the sun a star?**

   a. because it is a planet

   b. because it looks like the stars

   c. because it has some special points in common with other stars

4. **Why does the sun look bigger than other stars?**

   a. because it is bigger

   b. because it is closer to Earth

   c. because it gives off more heat and light

B Select True or False.

1. The sun looks like other stars. · · · · · · · T / F

2. The sun provides light to Earth. · · · · · · · T / F

Vocabulary Focus

A Match the words with their meanings.

1.  big •

  • **a.** to produce heat, light, smell, etc.

2. give off •

  • **b.** not far from something

3. bright •

  • **c.** shining strongly

4. close •

  • **d.** of more than average size or amount

B Choose the correct words to fill in the blanks.

star	heat	planet	sun

1. The _____ does not look like the stars.

2. The sun is a _____ all the same.

3. The sun gives off _____ and light.

4. Earth, our _____, gets heat and light from the sun.

Grammar Focus

the / a(n)

Choose the correct words.

1. (A / *The*) sun does not look like the stars.

2. (A / *The*) sun gives off heat and light.

3. (*The* / A) book on the desk is mine.

* Check **Answer Key** for further explanation.

Summary

Fill in the blanks with the correct words to summarize the passage.

| brighter | looks | closer | gives off | light |

The sun is a star that _____ heat and _____.

The sun _____ bigger and _____ than other

stars because it is so much _____ to Earth.

The Moon

🎧 Listen and check ☑ what you already know.

① The moon is lit up by the sun. ☐

Reading Focus

- Why does the shape of the moon seem to change?
- Why does the moon look small?

The Moon 🎧

The moon goes around Earth, being lit up by the sun.
Sometimes, we can see the whole moon. Other times we
can see only small parts of it. This is because the moon
produces no light. We can only see the parts that are
reflecting light from the sun.

The moon is large but looks small because it is far away
from Earth.

The Phases of the Moon

waxing crescent   waxing gibbous   full moon   waning gibbous   waning crescent

Comprehension Checkup

A **Choose the best answers.**

1. **What is the passage mainly about?**

   a. features of the moon

   b. how the moon changes its shape

   c. the distance between the moon and Earth

2. **Which parts of the moon can we see?**

   a. the parts that looks small

   b. the parts that are giving off light

   c. the parts that are reflecting light from the sun

3. **Why does the moon look small from Earth?**

   a. because the moon is small

   b. because the moon is far away

   c. because the moon reflects light

LEVEL UP! 4. **What can you infer about the moon from the passage?**

   a. It is larger than Earth.

   b. Only small parts of it produce light.

   c. It looks different from Earth.

B **Select True or False.**

1. Earth goes around the moon.   · · · · · · · · T / F

2. The moon lights up the sun.   · · · · · · · · T / F

A Match the words with their meanings.

1. whole •

• **a.** being a different one, not the one that was just mentioned

2. other •

• **b.** to throw back light or sound

3. far away •

• **c.** all of something

4. reflect •

• **d.** at a long distance

B Choose the correct words to fill in the blanks.

around	light	reflects	lit

1. The moon goes _____ Earth.

2. The moon is _____ up by the sun.

3. The moon produces no _____.

4. The moon _____ the light from the sun.

Grammar Focus

and / but / because

Choose the correct words.

1. This is (*but* / *because*) the moon produces no light.

2. The moon is large (*but* / *because*) looks small because it is far away from Earth.

3. The sun gives off heat (*and* / *but*) light.

Summary

Fill in the blanks with the correct words to summarize the passage.

reflecting	light	far	sun	lit

The moon is ⬚⬚⬚⬚⬚ up by the sun, and produces

no ⬚⬚⬚⬚⬚ . When we see the parts of the moon,

they are ⬚⬚⬚⬚⬚ the light from the ⬚⬚⬚⬚⬚ .

The moon is ⬚⬚⬚⬚⬚ away from Earth.

Birds

🎧 Listen and check ☑ what you already know.

① Birds have feathers. ☐

Reading Focus

- Why do birds need feathers?
- Why are birds' skeletons light?

Birds 🎧

Birds have feathers. Other creatures do not have feathers. Birds use their feathers to fly and to keep themselves warm. Birds can fly because they have wings and very light skeletons. They are light because many of their bones are hollow. Most birds have short and small bodies that help them fly, too. But some birds cannot fly.

Birds

owl

penguin

eagle

duck

pigeon

ostrich

Comprehension Checkup

A Choose the best answers.

1. **What is the passage mainly about?**

   a. body parts that birds have

   b. features of creatures

   c. birds' beaks

2. **Why are birds' skeletons light?**

   a. because their bodies are short

   b. because most of their bones are hollow

   c. because they do not have many bones

3. **What are the bodies of most birds like?**

   a. They are big.

   b. They are long.

   c. They are short and small.

LEVEL UP! 4. **What can you infer from the passage?**

   a. Most birds like to stay cold.

   b. Most birds' bodies are designed to fly.

   c. Birds that cannot fly have no wings.

B Select True or False.

1. Feathers keep birds warm. · · · · · · · T / F

2. Some birds do not have feathers. · · · · · · · T / F

Vocabulary Focus

A Match the words with their meanings.

1.    •   • **a.** not heavy

2.    •   • **b.** having an empty space inside

3.    •   • **c.** all the bones in a person or an animal

4.    •   • **d.** any living being, excluding plants

B Choose the correct words to fill in the blanks.

bones	wings	creatures	warm

1. Unlike the other _____, birds have feathers.

2. Birds use feathers to fly and to keep themselves _____.

3. Birds can fly because they have _____.

4. Many of the _____ of birds are hollow.

Grammar Focus

do / does not + infinitive

Change the sentences into negative forms.

1. Other creatures have feathers.

   ➜

2. She likes Japanese food.

   ➜

Summary

Fill in the blanks with the correct words to summarize the passage.

| small | fly | keep | feathers | skeletons |

Birds use _____ to fly and to _____

themselves warm. Their wings and light _____ help

them fly. Short and _____ bodies help them

_____, too.

Insects

🎧 Listen and check ☑ what you already know.

① Insects have six legs and three body parts. ☐

Reading Focus

- How do insects vary in size?
- Why are insects important to us?

② People could not live without insects. ☐

Vocabulary

- ✓ insect
- ✓ thorax
- ✓ abdomen
- ✓ surprisingly
- ✓ pest
- ✓ important
- ✓ for instance
- ✓ dung beetle

Insects 🎧

Insects have six legs. They have three body parts: a head, a thorax, and an abdomen.

Some insects are very small and others are surprisingly large.

Insects can be pests, but they are also very important to us. In fact, we could not live without them. For instance, dung beetles clean up dung for us.

dung beetle

Body Parts of a Stag Beetle

head   thorax   abdomen

Comprehension Checkup

A Choose the best answers.

1. **What is the passage mainly about?**

   a. sizes of insects

   b. kinds of insects

   c. the importance of insects

2. **What are the body parts of insects?**

   a. the head, tail, and abdomen

   b. the head, two thoraxes, and abdomen

   c. the head, thorax, and abdomen

3. **How important are insects?**

   a. Insects are our daily food.

   b. We could not live without insects.

   c. Insects clean up pests.

4. **Why are dung beetles important to us?**

   a. because they clean up trash

   b. because they clean up dung for us

   c. because they help us separate trash

B Select True or False.

1. Some insects are very large. · · · · · · · T / F

2. Insects can be harmful to us. · · · · · · · T / F

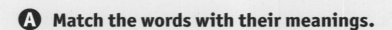

Vocabulary Focus

A **Match the words with their meanings.**

1.  thorax •

      • **a.** a small insect that destroys crops

2. abdomen •

      • **b.** the end part of an insect's body

3. pest •

      • **c.** unusually or unexpectedly

4. surprisingly •

      • **d.** the part of an insect's body between its head and abdomen

B **Choose the correct words to fill in the blanks.**

clean	abdomen	pests	without

1. Insects have three body parts: a head, a thorax, and an ＿＿＿＿＿＿＿＿ .

2. Insects can be ＿＿＿＿＿＿＿＿ .

3. We could not live ＿＿＿＿＿＿＿＿ insects.

4. Dung beetles ＿＿＿＿＿＿＿＿ up dung for us.

Grammar Focus

to / for

Choose the correct words.

1. Insects can be pests, but they are also very important (*to* / *for*) us.

2. Dung beetles clean up dung (*for* / *to*) us.

3. The sun is close (*for* / *to*) Earth.

Summary

Fill in the blanks with the correct words to summarize the passage.

three six without pests important

Insects have _____ legs and _____ body

parts. Insects can be _____ , but they are also

very _____ to us. In fact, we could not live

_____ them.

Fish

🎧 Listen and check ☑ what you already know.

① Fish can be found in seas, rivers, and lakes. ☐

Reading Focus

- How do fish breathe underwater?
- How do fish move forward?

② Fish have gills, fins, and tails. ☐

Vocabulary

- ✓ lake
- ✓ oxygen
- ✓ breathe
- ✓ gill
- ✓ draw
- ✓ filter
- ✓ tail
- ✓ flick
- ✓ fin
- ✓ steer

butterfly fish

clownfish

blue tang

Fish 🎧

Fish live in seas, rivers, and lakes.

Like other animals, fish need oxygen to live.

They can breathe underwater by using their gills.

When fish draw water into their gills, they filter oxygen out of it.

When fish swim, their tails flick to push their bodies forward.

Their fins help them steer their bodies.

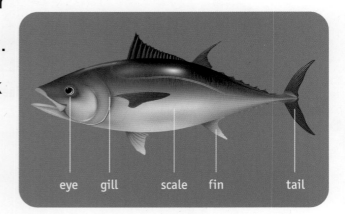

eye   gill   scale   fin   tail

A Choose the best answers.

1. **What is the passage mainly about?**

   a. the gills of fish

   b. swimming with fins

   c. the breathing and moving of fish

2. **What do gills do for fish?**

   a. Gills filter oxygen out of water.

   b. Gills steer their bodies.

   c. Gills push their bodies forward.

3. **What makes fish move forward?**

   a. their tails

   b. their gills

   c. their fins

4. **What do fins do for fish?**

   a. They help fish float.

   b. They help fish draw water.

   c. They help fish steer their bodies.

B Select True or False.

1. Fish do not need oxygen in order to live. · · · · · · · · T / F

2. Fish can breathe underwater. · · · · · · · · T / F

Vocabulary Focus

A **Match the words with their meanings.**

1.  breathe

    a. the back end of an animal's body

2.  tail

    b. to control the way something goes

3. filter

    c. to take air into your body and let it out again

4. steer

    d. to pass a matter through a device to remove unwanted things

B **Choose the correct words to fill in the blanks.**

oxygen	draw	flick	underwater

1. Like other animals, fish need _____ to live.

2. Fish can breathe _____ by using their gills.

3. When fish _____ water into their gills, they filter oxygen out of it.

4. When fish swim, their tails _____ to push their bodies forward.

42

Grammar Focus

can

Choose the places for 'can' to be put into.

1. They ⓐ breathe ⓑ underwater ⓒ by ⓓ using their ⓔ gills.

2. Insects ⓐ be ⓑ pests, but they are ⓒ also very ⓓ important to ⓔ us.

3. Birds ⓐ fly because ⓑ they have ⓒ wings and ⓓ very light ⓔ skeletons.

Summary

Fill in the blanks with the correct words to summarize the passage.

fins   oxygen   gills   tails   breathe

Fish need _____ to live. They can _____ underwater by using their _____. When fish swim, their _____ push their bodies forward. Their _____ help them steer their bodies.

The Human Body

🎧 Listen and check ☑ what you already know.

① Body parts often come in pairs. ☐

Reading Focus

- Which body parts come in pairs?
- Why do body parts often come in pairs?

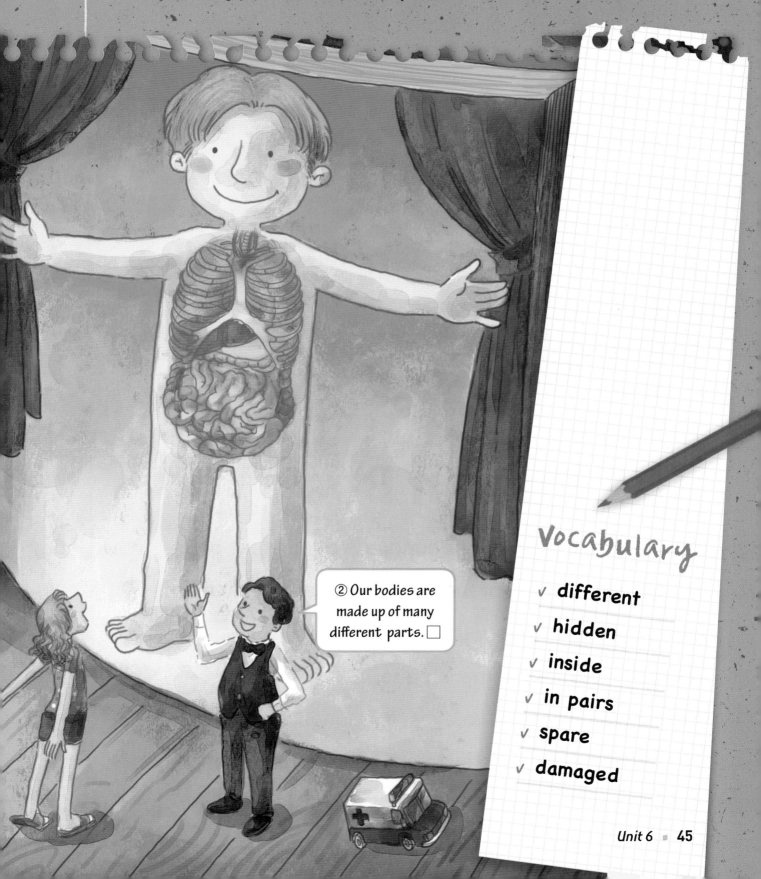

② Our bodies are made up of many different parts. ☐

Vocabulary

- ✓ different
- ✓ hidden
- ✓ inside
- ✓ in pairs
- ✓ spare
- ✓ damaged

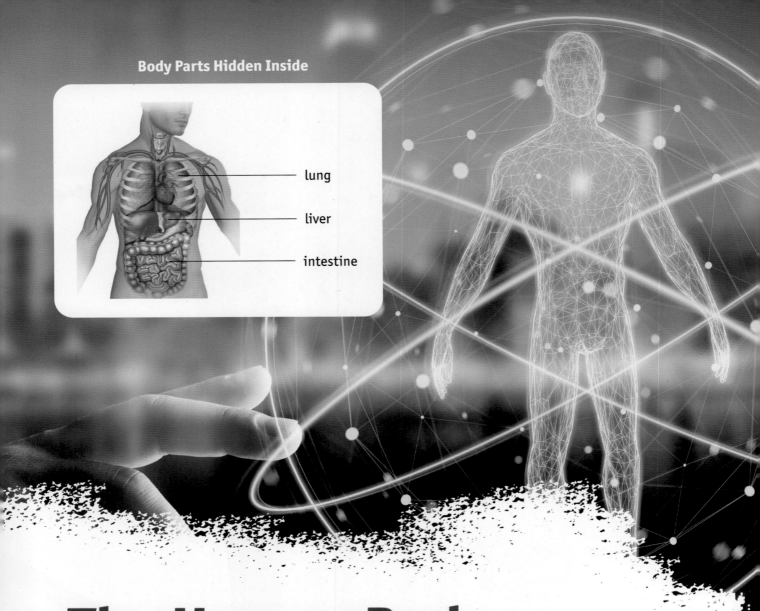

lung

liver

intestine

The Human Body 🎧

Your body is made up of hundreds of different parts.

You can see some of them, but there are many more

parts hidden inside you.

Body parts often come in pairs.

You have two feet, two eyes, two lungs, and so on.

This means you have spares if body parts get damaged.

46

Comprehension Checkup

A Choose the best answers.

1. **What is the passage mainly about?**

   a. the names of human body parts

   b. body parts that you cannot see

   c. body parts and their pairs

2. **How many body parts are hidden inside you?**

   a. more parts than you can see

   b. less than 10

   c. less parts than you can see

3. **Why do body parts often come in pairs?**

   a. for looks

   b. for showing off

   c. for spares

LEVEL UP! 4. **When one of your lungs gets damaged, what happens?**

   a. I cannot breathe.

   b. The other lung still works.

   c. My feet and eyes do the work of the damaged lung.

B Select True or False.

1. You have hundreds of different parts in your body. · · · · · · · · T / F

2. Many parts of your body are hidden inside you. · · · · · · · · T / F

A **Match the words with their meanings.**

1.  in pairs

2. hidden

3. spare

4. damaged

a. an additional thing

b. difficult to see or find

c. harmed or injured

d. in groups of two

B **Choose the correct words to fill in the blanks.**

two	hidden	damaged	different

1. Your body is made up of hundreds of _____ parts.

2. There are many more body parts _____ inside you.

3. You have two eyes, _____ lungs, and so on.

4. You have spares if body parts get _____.

Grammar Focus

Subject–verb agreement

Correct the underlined words and then rewrite the sentences.

1. Your body <u>are</u> made up of hundreds of different parts.

    →

2. This <u>mean</u> you have spares if body parts get damaged.

    →

3. One of my fingers <u>are</u> hurt.

    →

Summary

Fill in the blanks with the correct words to summarize the passage.

> in pairs   body   damaged   spares   inside

Your _____ is made up of hundreds of parts.

Many of them are hidden _____ you. Body parts

often come _____. This means you have

_____ if some body parts become _____.

Review Vocabulary Test

A Write the correct words and the meanings in Korean.

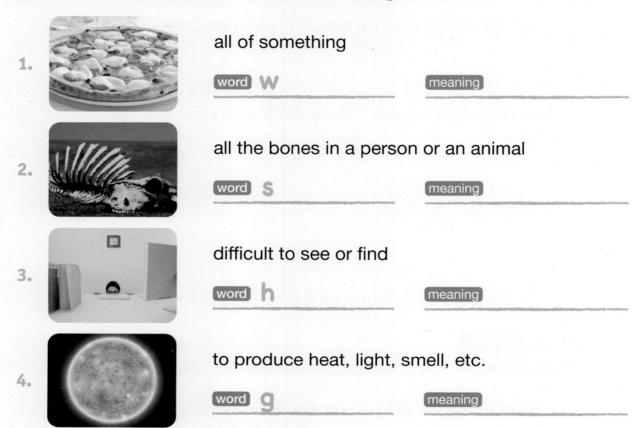

1. all of something

   word W _____ meaning _____

2. all the bones in a person or an animal

   word s _____ meaning _____

3. difficult to see or find

   word h _____ meaning _____

4. to produce heat, light, smell, etc.

   word g _____ meaning _____

B Choose the correct words to fill in the blanks.

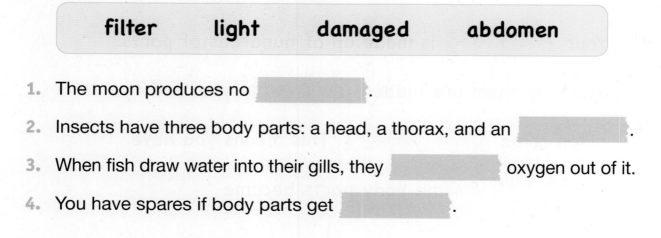

| filter | light | damaged | abdomen |

1. The moon produces no _____ .

2. Insects have three body parts: a head, a thorax, and an _____ .

3. When fish draw water into their gills, they _____ oxygen out of it.

4. You have spares if body parts get _____ .

C **Write the correct words in the blanks. Then circle those words in the puzzle.**

1. shining strongly: b _____
2. an additional thing: s _____
3. to control the way something goes: s _____
4. to throw back light or sound: r _____
5. a small insect that destroys crops: p _____
6. any living being, excluding plants: c _____
7. the back end of an animal's body: t _____

a	c	k	t	v	c	w	y
y	r	s	q	u	e	z	t
u	e	e	s	t	e	e	r
p	a	v	f	i	l	m	o
j	t	a	i	l	v	e	r
e	u	w	l	o	e	l	a
b	r	i	g	h	t	c	w
r	e	m	i	q	u	i	t
f	z	s	p	a	r	e	l

A Choose the correct words.

1. (*The* / *A*) moon is lit up by the sun.

2. Birds are light (*but* / *because*) many of their bones are hollow.

3. The sun is close (*at* / *to*) Earth.

4. She (*don't* / *doesn't*) like Japanese food.

B Correct the underlined words and then rewrite the sentences.

1. The sun doesn't <u>looks</u> like the stars.

   ➜

2. You can <u>saw</u> some body parts.

   ➜

3. The moon <u>go</u> around Earth.

   ➜

Social Studies

Goods

🎧 Listen and check ☑ what you already know.

① Fruits are goods. ☐

Reading Focus

- What are goods?
- Where do goods come from?

② We can buy goods with money. ☐

Vocabulary

- ✓ goods
- ✓ grow
- ✓ farm
- ✓ kind
- ✓ building
- ✓ factory
- ✓ instead
- ✓ store

Goods 🎧

Goods are things that people make or grow to be sold.

Food grown on farms is one kind of goods.

Some food comes from farms.

Goods are also made in buildings called factories.

Most people cannot make or grow all the goods they use.

Instead, they use money to buy goods from stores.

Growing or Making Goods   **Selling or Buying Goods**

growing fruits on a farm

selling fruits in a grocery

making cars in a factory

selling and buying cars

Comprehension Checkup

A Choose the best answers.

1. **What is the passage mainly about?**

a. useful goods

b. facts about goods

c. places to get goods

2. **Where do goods come from?**

a. only farms

b. only factories

c. farms and factories

3. **How do most people get goods?**

a. They grow goods themselves.

b. They make goods in factories.

c. They buy goods from stores.

LEVEL UP! **4.** **What can you infer from the passage?**

a. Goods from stores cost lots of money.

b. Food grown on farms should move to factories.

c. People pay for the work of making and growing goods.

B Select True or False.

1. People grow or make goods. ⋯⋯⋯ T / F

2. Goods can be made in factories. ⋯⋯⋯ T / F

A **Match the words with their meanings.**

1.  grow

    a. to plant something and look after it

2. kind

    b. a place with a roof and walls

3. factory

    c. a group of things

4. building

    d. a building where goods are made

B **Choose the correct words to fill in the blanks.**

stores	grow	farms	made

1. Goods are things that people make or _____ to be sold.

2. Some food comes from _____ .

3. Goods are also _____ in buildings called factories.

4. Most people use money to buy goods from _____ .

Grammar Focus

Change the sentences into negative forms.

1. Most people can make or grow all the goods they use.

   →

2. Sometimes, we can see the whole moon.

   →

Summary

Fill in the blanks with the correct words to summarize the passage.

goods   farms   money   factories   make

Goods are items that people grow or _____ to be

sold. Goods come from _____ and are made in

_____ . Most people use _____ to buy

_____ from stores.

Tools

🎧 Listen and check ☑ what you already know.

① Tools are things that make tasks easier. ☐

Reading Focus

- How have farming tools changed?
- How do computers help people?

② Tools have changed over the years. ☐

Vocabulary

- ✓ tool
- ✓ task
- ✓ change
- ✓ farmer
- ✓ plow
- ✓ plant
- ✓ crop
- ✓ simple
- ✓ fast

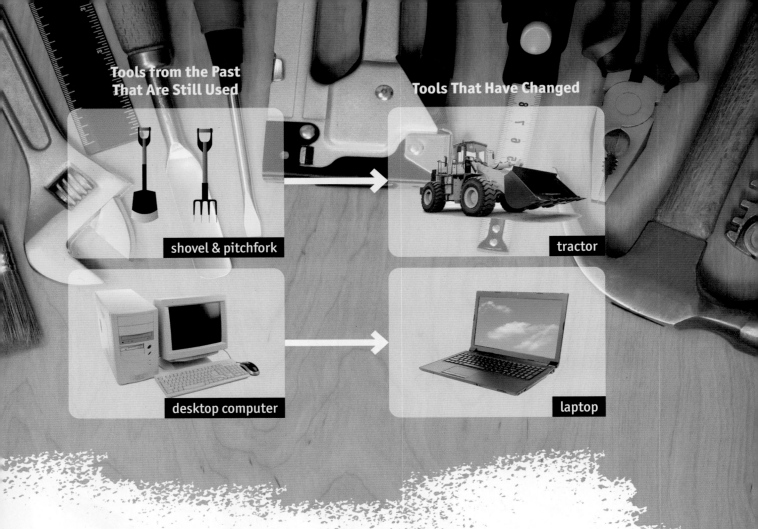

Tools from the Past That Are Still Used

shovel & pitchfork

desktop computer

Tools That Have Changed

tractor

laptop

Tools 🎧

Tools are things that make tasks easier.

Tools have changed over the years. A long time ago, farmers used horses and plows to plant their crops.

Today, farmers use new tools and modern machines. Farmers can do more work with them.

Computers used to be bigger and simpler than they are today. They help people work faster and do more work.

Comprehension Checkup

A **Choose the best answers.**

1. **What is the passage mainly about?**

    a. tools getting better

    b. tools getting bigger

    c. tools making tasks

2. **What can farmers do with new tools?**

    a. They can use horses well.

    b. They can do more work.

    c. They can use desktop computers.

3. **According to the passage, how do computers help people today?**

    a. They help people change.

    b. They help people work faster and do more work.

    c. They help people sleep longer than usual.

LEVEL UP! 4. **What can you infer about computers from the passage?**

    a. They have changed to become slower.

    b. They have changed to become bigger.

    c. They have been able to do more complicated work.

B **Select True or False.**

1. People use tools to make tasks easier. · · · · · · · T / F

2. A long time ago, farmers used laptops. · · · · · · · T / F

Vocabulary Focus

A Match the words with their meanings.

1. plow • • a. a person who works on farms

2. farmer • • b. quickly or rapidly

3. plant • • c. a tool that digs into the ground

4. fast • • d. to put seeds in soil to grow them

B Choose the correct words to fill in the blanks.

| changed | crops | easier | simpler |

1. Tools are things that make tasks _____.

2. Tools have _____ over the years.

3. A long time ago, farmers used horses and plows to plant _____.

4. Computers used to be bigger and _____ than they are today.

Grammar Focus

Correct the underlined words and then rewrite the sentences.

1. Tools are things that make tasks <u>easyer</u>.

   →

2. Computers used to be <u>biger</u> and <u>simple</u> than they are today.

   →

3. They help people work <u>fastter</u> and do more work.

   →

Summary

Fill in the blanks with the correct words to summarize the passage.

| faster | machines | years | more | tasks |

Tools are things that make _____ easier. They

have changed over the _____. Farmers use

modern _____ to do more work. Computers also

help people work _____ and do _____ work.

Asia

🎧 Listen and check ☑ what you already know.

① Asia is the largest continent on Earth. ☐

Reading Focus

- How big is Asia?
- Which seas and oceans surround Asia?

② Asia covers about 30% of the world's land area. ☐

Vocabulary

- ✓ **continent**
- ✓ **cover**
- ✓ **contain**
- ✓ **empty**
- ✓ **desert**
- ✓ **mountain**
- ✓ **surround**

Asia

Asia is the largest continent on Earth. It covers about 30% of the world's land area.

Asia contains huge, empty deserts and some of the world's highest mountains and longest rivers.

Asia is surrounded by the Mediterranean Sea, the Black Sea, the Arctic Ocean, the Pacific Ocean, and the Indian Ocean.

Asia

Comprehension Checkup

A Choose the best answers.

1. **What is the passage mainly about?**

   a. some features of Asia

   b. mountains and rivers in Asia

   c. seas and oceans around Asia

2. **What does Asia not contain?**

   a. empty deserts

   b. some of the world's highest mountains

   c. the Black Sea

3. **What does not surround Asia?**

   a. the Mediterranean Sea

   b. the world's longest rivers

   c. the Pacific Ocean

LEVEL UP! 4. What can you infer from the passage?

   a. Asia can reach various continents through seas and oceans.

   b. Asia has experienced many wars on seas and oceans.

   c. Most people in Asia have made money by working in seas.

B Select True or False.

1. Asia is larger than any other continent on Earth. ······· T / F

2. Asia covers about 30% of Earth. ······· T / F

Vocabulary Focus

A Match the words with their meanings.

1.  contain •

   • **a.** to extend over

2. cover •

   • **b.** having nothing or no one inside

3.  empty •

   • **c.** to be all around something or someone

4. surround •

   • **d.** to have something inside

B Choose the correct words to fill in the blanks.

deserts	surrounded	continent	covers

1. Asia is the largest _____ on Earth.

2. Asia _____ about 30% of the world's land area.

3. Asia contains huge, empty _____.

4. Asia is _____ by seas and oceans.

Grammar Focus

Superlative adjectives

Correct the underlined words like the example.

e.g. She is the <u>tall</u> in her class. → She is the <u>tallest</u> in her class.

1. Asia is the <u>large</u> continent on Earth.

   →

2. Asia contains some of the world's <u>high</u> mountains.

   →

Summary

Fill in the blanks with the correct words to summarize the passage.

> **contains longest largest highest surrounded**

Asia is the _____ continent on Earth. Asia

_____ deserts, some of the _____ mountains,

and the _____ rivers. Asia is _____ by seas

and oceans.

Europe

🎧 Listen and check ☑ what you already know.

① Europe is a small continent, but it has many nations. ☐

Reading Focus

- Which mountain chains are there in Europe?
- How is the weather in Europe?

② The Ural Mountains divide Europe from Asia. ☐

Vocabulary

- ✓ neighbor
- ✓ touch
- ✓ northwestern
- ✓ stretch
- ✓ divide
- ✓ mountain chain
- ✓ peak
- ✓ north
- ✓ south

Europe 🎧

Europe is Asia's neighbor. Europe touches the northwestern part of Asia and stretches west to the Atlantic Ocean. The Ural Mountains divide Europe from Asia. Europe has many mountain chains. Some, like the Alps, have high peaks. Others, like the Urals, are much lower. There are cold winters in the north of Europe and hot summers in the south.

the Alps

Comprehension Checkup

A Choose the best answers.

1. **What is the passage mainly about?**

   a. Europe in Asia

   b. the location and weather of Europe

   c. mountains in Europe

2. **Which part of Asia does Europe touch?**

   a. the southern part of Asia

   b. the eastern part of Asia

   c. the northwestern part of Asia

3. **What is true about the Urals?**

   a. They divide Europe from Asia.

   b. They are much higher than the Alps.

   c. They stretch west to the Atlantic Ocean.

4. **How is the weather in the north of Europe?**

   a. There are hot summers.

   b. There is only spring.

   c. There are cold winters.

B Select True or False.

1. Europe is close to Asia. . . . . T / F

2. There are many mountain chains in Europe. . . . . T / F

Vocabulary Focus

A **Match the words with their meanings.**

1.  neighbor •

     • **a.** the pointed top of a mountain

2. divide •

     • **b.** something or someone that is next to another thing or person

3.  peak •

     • **c.** mountains connected to each other, forming a line

4.  mountain chain •

     • **d.** to separate something into parts or groups

B **Choose the correct words to fill in the blanks.**

| north | stretches | neighbor | touches |

1. Europe is Asia's _____.

2. Europe _____ the northwestern part of Asia.

3. Europe _____ west to the Atlantic Ocean.

4. There are cold winters in the _____ of Europe.

76

Grammar Focus

Conjunction *and*

Choose the places for 'and' to be put into.

1. Europe touches ⓐ the northwestern ⓑ part of Asia ⓒ stretches ⓓ west to ⓔ the Atlantic Ocean.

2. There are cold winters ⓐ in the north ⓑ of Europe ⓒ hot summers ⓓ in ⓔ the south.

3. A long ⓐ time ago, ⓑ farmers ⓒ used horses ⓓ plows to plant ⓔ their crops.

Summary

Fill in the blanks with the correct words to summarize the passage.

| mountain | neighbor | cold | divide | south |

Europe is Asia's _____. The Ural Mountains

_____ Europe from Asia. Europe is known for its

various _____ chains, such as the Alps and the

Urals. It is _____ in the north, and hot in the

_____.

Africa

🎧 Listen and check ☑ what you already know.

① There are heavy rains in the central part of Africa. ☐

Reading Focus

- How much rain does a desert have?
- Why do plants and trees in the central part of Africa grow well?

② The Sahara is the largest desert in the world. ☐

Vocabulary

- ✓ largest
- ✓ northern
- ✓ dry
- ✓ central
- ✓ heavy
- ✓ water

Africa 🎧

Africa is the second-largest continent.

The northern part of Africa is a hot and dry desert.

A desert has very little rain. The desert in northern Africa is the largest in the world. It is called the Sahara.

The central part of Africa is hot, but plants and trees grow well because heavy rains water them.

Comprehension Checkup

A **Choose the best answers.**

1. **What is the passage mainly about?**

   a. Africa and rain

   b. the Sahara

   c. heavy rains

2. **What is a desert?**

   a. a place that waters plants and trees

   b. a place that has no gravity

   c. a place that has very little rain

3. **How is the weather in the northern part of Africa?**

   a. hot and dry

   b. cold

   c. rainy

4. **What makes the plants and trees in the central part of Africa grow well?**

   a. heavy rains

   b. large farmland

   c. good quality of soil

B **Select True or False.**

1. Africa is the second-largest desert in the world. ······· T / F

2. There are heavy rains in the central part of Africa. ········ T / F

Vocabulary Focus

A **Match the words with their meanings.**

1.  dry • • **a.** in the center of an area

2. water • • **b.** great in amount or degree

3. central • • **c.** without any rain

4. heavy • • **d.** to pour water on a plant

B **Choose the correct words to fill in the blanks.**

heavy	rain	second	dry

1. Africa is the _____-largest continent.

2. The northern part of Africa is a hot and _____ desert.

3. A desert has very little _____.

4. Plants and trees grow well because _____ rains water them.

82

Grammar Focus

little / few

Choose the correct words.

1. A desert has very (*few* / *little*) rain.

2. I have (*few* / *little*) money.

3. There are (*few* / *little*) cups on the table.

Summary

Fill in the blanks with the correct words to summarize the passage.

> called   continent   heavy   water   hot

Africa is the second-largest _____. Northern

Africa is a _____ and dry desert _____ the

Sahara. The central part of Africa has _____ rains

that _____ plants and trees.

North America

🎧 Listen and check ☑ what you already know.

① North America is the third-largest continent. ☐

Reading Focus

- Where is Canada located?
- Where is the United States of America located?

② The Statue of Liberty is in the United States of America. ☐

Vocabulary

- ✓ reach
- ✓ border
- ✓ the United States
- ✓ almost
- ✓ part
- ✓ west
- ✓ east

North America 🎧

North America is the third-largest continent.

Canada is the largest country in North America.

It reaches from the northern border of the United States

almost to the top of the world.

The United States of America is in the central part of

North America. On the west is the Pacific Ocean,

and on the east is the Atlantic Ocean.

Arctic Ocean

Canada

Pacific Ocean

the United States of America

Atlantic Ocean

the Rocky Mountains

Niagara Falls

the Statue of Liberty

Comprehension Checkup

A **Choose the best answers.**

1. **What is the passage mainly about?**

   a. weather in North America

   b. importance of Canada

   c. countries in North America

2. **Which is true about Canada?**

   a. It is a neighbor of the United States.

   b. It is located south of the United States.

   c. It is the third-largest country in North America.

3. **What is on the west of the United States?**

   a. the Atlantic Ocean

   b. the Pacific Ocean

   c. Canada

LEVEL UP! 4. **What can you infer from the passage?**

   a. North America is surrounded by huge deserts.

   b. Canada shares a border with the United States.

   c. The United States is the largest country in North America.

B **Select True or False.**

1. North America is the third-largest continent. .... T / F

2. The United States is in the northern part of North America. T / F

Vocabulary Focus

A Match the words with their meanings.

1. **reach** •

   • a. the direction where the sun sets

2. **border** •

   • b. to stretch in space

3. **west** •

   • c. the line between two countries

4. **part** •

   • d. one of the areas that form the whole of something

B Choose the correct words to fill in the blanks.

reaches	east	central	country

1. Canada is the largest _____ in North America.

2. Canada _____ almost to the top of the world.

3. The United States of America is in the _____ part of North America.

4. On the _____ of the United States is the Atlantic Ocean.

Grammar Focus

Choose the correct words.

1. North America is the (*three* / *third*)-largest continent.

2. Africa is the (*two* / *second*)-largest continent.

3. Today's (*one* / *first*) class is history.

Summary

Fill in the blanks with the correct words to summarize the passage.

central	largest	continent	third	North

North America is the _____ -largest _____ .

Canada is the _____ country in North America,

and the United States of America is in the _____

part of _____ America.

Review Vocabulary Test

A Write the correct words and the meanings in Korean.

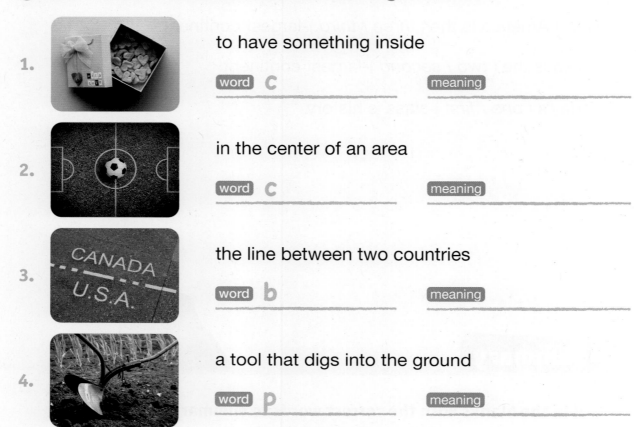

1. to have something inside

   word c _____ meaning _____

2. in the center of an area

   word c _____ meaning _____

3. the line between two countries

   word b _____ meaning _____

4. a tool that digs into the ground

   word p _____ meaning _____

B Choose the correct words to fill in the blanks.

covers	largest	neighbor	tasks

1. Europe is Asia's _____ .

2. Tools are things that make _____ easier.

3. Asia _____ about 30% of the world's land area.

4. Canada is the _____ country in North America.

C Complete the crossword puzzle.

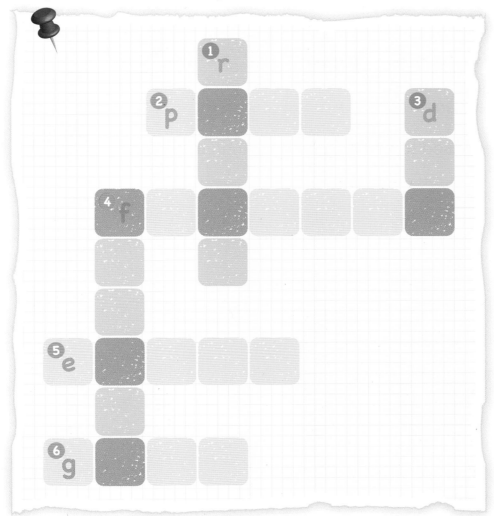

Across

2 the pointed top of a mountain

4 a building where goods are made

5 having nothing or no one inside

6 to plant something and look after it

Down

1 to stretch in space

3 without any rain

4 a person who works on farms

Review Grammar Test

A **Choose the correct words.**

1. I (*not can* / *cannot*) do it alone.

2. I want a (*simple* / *simpler*) one than that.

3. My brother (*and* / *but*) I are interested in movies.

4. Computers used to be (*big* / *bigger*) than they are today.

B **Correct the underlined words and then rewrite the sentences.**

1. This is the <u>higher</u> building in the city.

   →

2. I know he has <u>few</u> money.

   →

3. That is the <u>two</u>-largest company in Korea.

   →

Language Arts & Music

The Hare and the Tortoise

🎧 Listen and check ☑ what you already know.

① The hare is too proud of himself. ☐

Reading Focus

- What made the hare think he could take a little nap?
- What made the hare lose the race?

Vocabulary

- ✓ hare
- ✓ boast
- ✓ race
- ✓ tortoise
- ✓ serious
- ✓ dart
- ✓ ahead
- ✓ steady
- ✓ nap

The Hare and the Tortoise

There once was a hare that was always boasting that he could run fast. One day, he said to the other animals, "No one can run faster than me. Does anybody want to race me?"

A tortoise said, "I will race you."

"You!" laughed the hare, "Are you serious?"

"Of course, I'm serious," said the tortoise. "Shall we race?"

So the race began. The hare darted off, and very soon he was far ahead of the tortoise. The tortoise moved along at a slow, steady pace. The hare thought, 'I think I'll take a little nap.' So he fell asleep. He was still asleep when the tortoise passed by. When the hare woke up, he looked ahead. The tortoise was crossing the finish line to win the race.

Comprehension Checkup

A Choose the best answers.

1. **What is the lesson of the story?**

   a. Time is money.

   b. Slow and steady wins the race.

   c. A good medicine tastes bitter.

2. **Why did the hare take a nap?**

   a. because he had crossed the finish line

   b. because his legs were hurt

   c. because he was far ahead of the tortoise

3. **What happened when the hare woke up?**

   a. The tortoise was passing the hare by.

   b. The tortoise was crossing the finish line.

   c. The tortoise was sleeping beside the hare.

LEVEL UP! 4. **What can you infer from the story?**

   a. The hare had trouble sleeping at night.

   b. The tortoise hated to race animals.

   c. The hare had never thought of failure in the race.

B Select True or False.

1. Several animals wanted to race the hare. · · · · · · · T / F

2. At first, the tortoise was behind the hare. · · · · · · · T / F

Vocabulary Focus

A Match the words with their meanings.

1.  boast

   a. to tell other people how good you are

2.  race

   b. in front of someone or something

3.  ahead

   c. a short sleep during the day

4.  nap

   d. to compete in a contest of speed

B Choose the correct words to fill in the blanks.

| darted | tortoise | steady | hare |

1. The hare _____ off, and very soon he was far ahead of the tortoise.

2. The _____ thought, 'I'll take a little nap.'

3. The tortoise moved along at a slow, _____ pace.

4. The hare was still asleep when the _____ passed by.

Grammar Focus

Change the underlined words into the past forms and then rewrite the sentences.

1. A tortoise <u>say</u>, "I will race you."

   →

2. When the hare <u>wakes</u> up, he looked ahead.

   →

Summary

Fill in the blanks with the correct words to summarize the story.

> steady   darted   crossing   boasting   race

A hare was _____ that he could run fast.

A tortoise wanted to _____ the hare. When the

race began, the hare _____ off, but the tortoise

moved along at a slow, _____ pace. The hare

took a nap. When the hare woke up, the tortoise was

_____ the finish line to win the race.

The Grasshopper and the Ants

🎧 Listen and check ☑ what you already know.

① The grasshopper didn't work at all. ☐

Reading Focus

- Why did the grasshopper not work?
- Why did the ants not help the grasshopper?

② The grasshopper was freezing and hungry. ☐

Vocabulary

- ✓ fine
- ✓ grasshopper
- ✓ hop
- ✓ nearby
- ✓ hard
- ✓ fellow
- ✓ future
- ✓ chill
- ✓ bare
- ✓ freezing

The Grasshopper and the Ants

In a field on a fine summer's day, a grasshopper was hopping about, enjoying himself.

Nearby, a group of ants was hard at work. They had built their house underground and were filling it with food for the long, cold winter ahead. All summer long, while the ants worked, the grasshopper danced and sang. Yes, the grasshopper was a happy fellow, but he never thought about the future.

One day, the grasshopper felt a chill in the air. Then, the days kept getting cooler, and soon the fields where he liked to sing and dance turned bare and hard.

Now, the cold days of winter were upon him, and the grasshopper was freezing and hungry. He went to the ants' house and asked for food. But the ants said "No."

Comprehension Checkup

A **Choose the best answers.**

1. **What is the lesson of the story?**

   a. A field is a good place to play in.

   b. The days get cooler in winter.

   c. We need to prepare for difficult times.

2. **Why were the ants working hard?**

   a. because they did not know how to play

   b. because they had to prepare for winter

   c. because they wanted to help the grasshopper

3. **When winter came, what did the grasshopper do?**

   a. He filled his house with food.

   b. He started to work hard.

   c. He asked the ants for food.

4. **Why did the ants not help the grasshopper?**

   a. because the grasshopper made fun of them

   b. because the grasshopper didn't ask them for help

   c. because the grasshopper played while they worked

B **Select True or False.**

1. All summer long, the ants kept working. ········ T / F

2. The grasshopper saved enough food for winter. ········ T / F

A Match the words with their meanings.

1.  fine •

    • **a.** not far away

2. hop •

    • **b.** sunny or pleasant

3. nearby •

    • **c.** to move with short quick jumps

4. chill •

    • **d.** a feeling of coldness

B Choose the correct words to fill in the blanks.

| hard | bare | grasshopper | chill |

1. A _____ was hopping about, enjoying himself.

2. Nearby, a group of ants was _____ at work.

3. One day, the grasshopper felt a _____ in the air.

4. In winter, the fields turned _____ and hard.

Grammar Focus

at / for / about / in / of

Choose the correct words.

1. Now, the cold days (*at* / *of*) winter were upon him.

2. He never thought (*for* / *about*) the future.

3. The grasshopper felt a chill (*in* / *at*) the air.

Summary

Fill in the blanks with the correct words to summarize the story.

| food | freezing | hard | preparing | enjoying |

In a field on a summer's day, a grasshopper was

_____ himself while ants were working hard.

Ants were _____ food for winter. The days kept

getting cooler, and the fields turned bare and _____.

The grasshopper was _____ and hungry.

He asked the ants for _____. But they said "No."

Classical Music

🎧 Listen and check ☑ what you already know.

① Classical music is the standard music of the Western world. ☐

Reading Focus

- Who has composed classical music?
- Why do people call classical music art music?

② Composing and performing music needs great art and skill. □

Vocabulary

- ✓ classical music
- ✓ standard
- ✓ compose
- ✓ talented
- ✓ play
- ✓ perform
- ✓ skill

Classical Music 🎧

Classical music is the standard music of countries in the Western world. It has been composed by talented musicians. Other well-trained musicians can then play it. Composing and performing classical music well requires great art or skill. So classical music can also be called art music.

Great Classical Musicians of the 18th Century

Bach

Handel

Beethoven

Schubert

Mozart

Great Classical Musicians of the 18th to 19th Century

Great Classical Musicians of the 19th Century

Tchaikovsky

Brahms

Comprehension Checkup

A **Choose the best answers.**

1. **What is the passage mainly about?**

   a. a place where classical music is played

   b. people who compose classical music

   c. what classical music is

2. **What is classical music?**

   a. It is music for ordinary people.

   b. It is art music that is played by composers.

   c. It is the standard music of Western countries.

3. **What have talented musicians done?**

   a. They have made musical instruments.

   b. They have composed classical music.

   c. They have learned to play popular music.

4. **Why can we call classical music art music?**

   a. because composing and playing it well needs great art

   b. because it is from the Western world

   c. because it has been composed by ordinary musicians

B **Select True or False.**

1. Ordinary people composed classical music. ········ T / F

2. Composing classical music requires skill. ········ T / F

A Match the words with their meanings.

1.  compose •

        • **a.** an ability to do something that comes from training

2. talented •

        • **b.** having a special ability

3. perform •

        • **c.** to write a piece of music

4. skill •

        • **d.** to play a piece of music or act a play

B Choose the correct words to fill in the blanks.

play	composed	standard	performing

1. Classical music is the _____ music of countries in the Western world.

2. Classical music has been _____ by talented musicians.

3. Well-trained musicians can _____ classical music.

4. Composing and _____ classical music well requires great art.

Grammar Focus

Preposition by

Choose the correct words.

1. It has been composed (*by* / *with*) talented musicians.

2. Asia is surrounded (*on* / *by*) the Mediterranean Sea, the Black Sea, the Arctic Ocean, the Pacific Ocean, and the Indian Ocean.

3. Folk music is generally sung (*by* / *of*) ordinary people.

Summary

Fill in the blanks with the correct words to summarize the passage.

| called | talented | music | standard | Western |

Classical music is the _____ music of the

_____ world. It has been composed by _____

musicians. Classical _____ can also be _____

art music.

Jazz

🎧 Listen and check ☑ what you already know.

① Jazz was born in New Orleans. ☐

- What is jazz music?
- Which instruments do jazz musicians use?

Vocabulary

- ✓ jazz
- ✓ born
- ✓ blues
- ✓ influence
- ✓ mix
- ✓ instrument
- ✓ trumpet
- ✓ saxophone
- ✓ clarinet
- ✓ drum

Jazz 🎧

Jazz was born around 1900 in New Orleans in the south of America. There were many African American musicians living there. They played music called the blues. Blues music was influenced by African music. Jazz music mixed blues music with European music.

Jazz musicians used instruments such as the trumpet, saxophone, clarinet, drum, double bass, piano, banjo, and guitar.

Instruments of Jazz

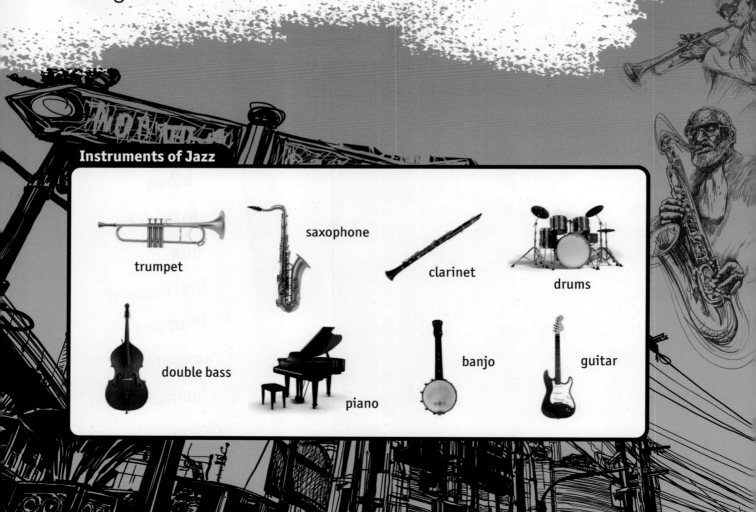

trumpet

saxophone

clarinet

drums

double bass

piano

banjo

guitar

A **Choose the best answers.**

1. **What is the passage mainly about?**

    a. African American musicians

    b. the influence of European music

    c. the beginning of jazz

2. **Where was jazz born?**

    a. in Europe

    b. in New Orleans

    c. in Africa

3. **What did jazz music mix together?**

    a. the trumpet and the saxophone

    b. blues music and European music

    c. African music and the piano

LEVEL UP! 4. **What can you infer from the passage?**

    a. Europeans didn't like Jazz at first.

    b. Most instruments of Jazz came from blues music.

    c. Jazz shows the features of African and European music.

B **Select True or False.**

1. Jazz was born around 1900. · · · · · · · T / F

2. Blues music was influenced by European music. · · · · · · · T / F

Vocabulary Focus

A Match the words with their meanings.

1.  instrument •

        • **a.** a slow sad type of music that comes from African American culture

2.  mix •

        • **b.** starting to exist

3.  born •

        • **c.** to put different things together

4.  blues •

        • **d.** something that you play to make music

B Choose the correct words to fill in the blanks.

influenced	born	trumpet	mixed

1. Jazz was _____ around 1900 in New Orleans.

2. Blues music was _____ by African music.

3. Jazz music _____ blues music with European music.

4. Jazz musicians used instruments such as the _____ and saxophone.

116

Grammar Focus

called / be called

Correct the underlined words and then rewrite the sentences.

1. They played music <u>call</u> the blues.

   →

2. Classical music can also be <u>call</u> art music.

   →

Summary

Fill in the blanks with the correct words to summarize the passage.

> musicians   Jazz   mixed   European   born

Jazz was ▨▨▨▨ around 1900 in New Orleans.

African American ▨▨▨▨ made ▨▨▨▨ music.

They ▨▨▨▨ blues music from Africa with

▨▨▨▨ music.

Review Vocabulary Test

A Write the correct words and the meanings in Korean.

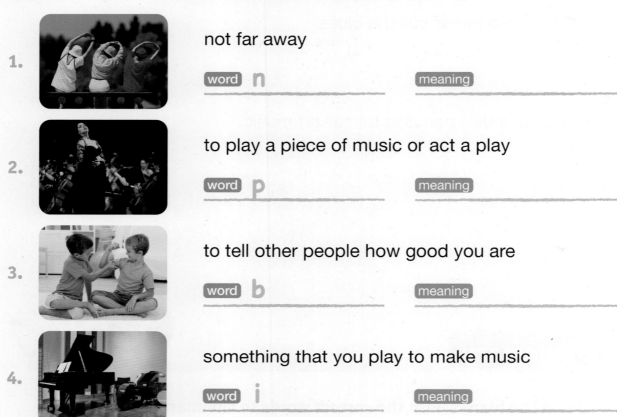

1. not far away

   word n _____   meaning _____

2. to play a piece of music or act a play

   word p _____   meaning _____

3. to tell other people how good you are

   word b _____   meaning _____

4. something that you play to make music

   word i _____   meaning _____

B Choose the correct words to fill in the blanks.

| bare | steady | standard | influenced |

1. Blues music was _____ by African music.

2. In winter, the fields turned _____ and hard.

3. The tortoise moved along at a slow, _____ pace.

4. Classical music is the _____ music of countries in the Western world.

C **Write the correct words in the blanks. Then circle those words in the puzzle.**

1. starting to exist: b _____
2. sunny or pleasant: f _____
3. a feeling of coldness: c _____
4. to write a piece of music: c _____
5. to put different things together: m _____
6. to compete in a contest of speed: r _____
7. a short sleep during the day: n _____

f	w	q	e	z	b	w	y
b	c	o	m	p	o	s	e
u	h	e	i	r	r	w	h
p	i	c	f	i	n	e	o
j	l	a	a	l	v	e	r
c	l	w	l	d	n	r	a
x	c	d	o	h	y	a	w
r	e	m	i	x	u	c	p
a	c	k	t	v	n	e	s

Review Grammar Test

A Choose the correct words.

1. He (*fell* / *fall*) asleep a few minutes ago.

2. The grasshopper never thought (*in* / *about*) the future.

3. Jazz was born around 1900 in New Orleans in the south (*from* / *of*) America.

4. This sandcastle was built (*by* / *of*) Lucas.

B Correct the underlined words and then rewrite the sentences.

1. That music is <u>call</u> rock.

   →

2. It is really cold <u>to</u> winter.

   →

3. Classical music has been composed <u>about</u> talented musicians.

   →

Visual Arts & Math

Warm and Cool Colors

🎧 Listen and check ☑ what you already know.

① There are warm and cool colors. ☐

- What are warm colors and cool colors?
- Which color do you think is a cool color?

② Different colors give us different thoughts. ☐

Vocabulary

- ✓ **separate**
- ✓ **crayon**
- ✓ **marker**
- ✓ **oil pastel**
- ✓ **pile**
- ✓ **draw**
- ✓ **thought**
- ✓ **favorite**

Warm and Cool Colors

Separate your crayons, markers, colored pencils, or oil pastels into warm and cool piles. Then draw a picture of a tree using only warm colors. Next, draw the same thing using only cool colors.

When you look at your pictures, what thoughts does each of them bring to mind? Which is your favorite?

crayons

markers

colored pencils

oil pastels

Comprehension Checkup

A Choose the best answers.

1. **What is the passage mainly about?**

   a. thoughts about warm and cool colors

   b. how to use various colors

   c. various tools to draw pictures of trees

2. **Colors may be divided into two categories. What are these?**

   a. warm and cool colors

   b. colors in crayons and colored pencils

   c. colors drawn by markers and oil pastels

3. **Which is true about colors?**

   a. Colors bring different thoughts to mind.

   b. Oil pastels have more cool colors than warm colors.

   c. Colors should not be used without any directions.

LEVEL UP! 4. **What can you infer from the passage?**

   a. Crayons are better than oil pastels.

   b. Artists can express their feelings and thoughts with colors.

   c. Many people like pictures of trees.

B Select True or False.

1. You are told to separate your crayons into three groups. ·· T / F

2. You can draw a picture of a tree with cool colors. ······· T / F

Vocabulary Focus

A Match the words with their meanings.

1.  separate •

   • **a.** a thing or a person that is more liked than others

2.  marker •

   • **b.** a lot of things on top of each other

3.  pile •

   • **c.** a large pen with a thick point

4. favorite •

   • **d.** to move things or people apart

B Choose the correct words to fill in the blanks.

picture	thoughts	crayons	Draw

1. Separate your _____ and markers into warm and cool piles.

2. Draw a _____ of a tree using only warm colors.

3. _____ the same thing using only cool colors.

4. What _____ does each of the pictures bring to mind?

Grammar Focus

Choose the correct words.

1. (*Separate* / *Separates*) your crayons or oil pastels into warm and cool piles.

2. (*Draw* / *To draw*) a picture of a tree using only warm colors.

3. (*Waking* / *Wake*) up early in the morning.

Summary

Fill in the blanks with the correct words to summarize the passage.

thoughts	mind	pictures	favorite	cool

Draw two _____ of a tree using only warm colors

and only _____ colors. When you look at the

pictures, what _____ come to _____?

Which is your _____?

The Hunters in the Snow

🎧 Listen and check ☑ what you already know.

① Fewer bright colors are seen in winter than in spring. ☐

Reading Focus

- What colors do you usually use for cold weather?
- What do bare trees remind you of?

② White, black, and brown suggest cold weather. ☐

Vocabulary
- ✓ hunter
- ✓ season
- ✓ winter
- ✓ spring
- ✓ weather
- ✓ pond
- ✓ match
- ✓ dull

The Hunters in the Snow 🎧

In Pieter Bruegel the Elder's *The Hunters in the Snow*, what season is shown? There are fewer bright colors in winter than in spring.

The artist used mainly white, black, and brown to suggest the cold winter weather. The trees are bare, and the icy gray-green of the frozen pond is matched by the dull color of the sky.

Comprehension Checkup

A Choose the best answers.

1. **What is the passage mainly about?**

    a. the greatness of a work of art

    b. colors showing winter

    c. how to express trees in winter

2. **Which colors are needed to suggest cold weather?**

    a. red and blue

    b. yellow and orange

    c. white and black

3. **What are the trees like in *The Hunters in the Snow*?**

    a. The trees have no leaves.

    b. The trees have fallen down.

    c. The trees are full of leaves.

4. **Which types of colors are used for the sky in *The Hunters in the Snow*?**

    a. bright colors

    b. cool colors

    c. dull colors

B Select True or False.

1. *The Hunters in the Snow* has many bright colors. · · · · · · · T / F

2. The pond is icy gray-green in *The Hunters in the Snow*. · · T / F

A Match the words with their meanings.

1.  hunter •

    • **a.** one of the four time periods in a year

2.  season •

    • **b.** a small area of fresh water

3.  pond •

    • **c.** someone who hunts wild animals

4.  match •

    • **d.** to go well with something

B Choose the correct words to fill in the blanks.

winter	spring	dull	weather

1. There are fewer bright colors in winter than in _____.

2. Bruegel used mainly white, black, and brown to suggest the cold winter _____.

3. The trees are bare in _____.

4. The icy gray-green of the frozen pond is matched by the _____ color of the sky.

Fill in the blanks with the proper words.

1. _____ Pieter Bruegel the Elder's *The Hunters in the Snow*, what season is shown?

2. There are fewer bright colors _____ winter than _____ spring.

3. Jazz was born around 1900 _____ New Orleans _____ the south of America.

Summary

Fill in the blanks with the correct words to summarize the passage.

> **Bare   dull   weather   white   cold**

In *The Hunters in the Snow*, Bruegel used _____,

black, and brown to suggest the _____ winter

weather. _____ trees, the icy gray-green pond,

and the _____ color of the sky were also used to

show the cold _____ in the picture.

A Sum and Ways of Saying Addition

🎧 Listen and check ☑ what you already know.

① A sum is adding numbers together. ☐

Reading Focus

- When can you get a sum?
- What is 2+3?

② The sum of 4 + 1 is 5. □

Vocabulary

- ✓ add
- ✓ number
- ✓ together
- ✓ result
- ✓ sum
- ✓ plus
- ✓ equal

A Sum and Ways of Saying Addition 🎧

When you add more than two numbers together, the result you get is called the sum. The sum of 2+3 is 5.

There are different ways of saying 2+3=5.

People say, "Two plus three equals five," or "Two plus three is five," or "Two and three make five."

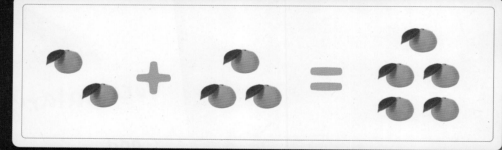

2+2=4

2+3=5

two plus three equals five

Comprehension Checkup

A Choose the best answers.

1. **What is the passage mainly about?**

   a. the importance of a sum

   b. the numbers needed for addition

   c. a sum and how to say addition

2. **What is a sum?**

   a. the result from addition

   b. the way to say addition

   c. the numbers that make five

3. **Which is not correct?**

   a. Three plus four is seven.

   b. Five plus two equals ten.

   c. One and nine make ten.

4. **Which problem has a sum of nine?**

   a. one plus eight

   b. two plus six

   c. three plus five

B Select True or False.

1. A sum comes from adding numbers together. ········ T / F

2. Ten and five make five. ········ T / F

Vocabulary Focus

A Match the words with their meanings.

1.  **together** •

    • **a.** the result of adding numbers

2.  •

    • **b.** a word or sign that shows a quantity

3.  •

    • **c.** with someone or something else

4. **number** •

    • **d.** to be the same as something else

B Choose the correct words to fill in the blanks.

sum	make	equals	together

1. Add two numbers _____ .

2. The result you get from addition is called the _____ .

3. Two plus three _____ five.

4. Two and three _____ five.

Grammar Focus

There is / There are

Correct the underlined words and then rewrite the sentences.

1. There <u>is</u> different ways of saying 2+3=5.

   ➡

2. There <u>are</u> a man sitting on the bench.

   ➡

Summary

Fill in the blanks with the correct words to summarize the passage.

| addition | saying | different | sum | add |

When you _____ more than two numbers together,

the result you get is called the _____.

There are _____ ways of saying _____.

Plus, and, equal, is, and *make* are the words used for

_____ addition.

Greater Than and Less Than

🎧 Listen and check ☑ what you already know.

① The number 5 is greater than the number 4. ☐

Reading Focus

- What does 'greater' mean?
- What does 'less' mean?

② The number 3 is less than the number 4. ☐

Vocabulary

- ✓ greater
- ✓ because
- ✓ more
- ✓ also
- ✓ write
- ✓ sign
- ✓ mean
- ✓ less

Greater Than and Less Than 🎧

The number 5 is greater than the number 4 because 5 is 1 more than 4. This can also be written 5 > 4.

The '>' sign means 'greater than.'

The number 3 is less than the number 4. This can also be written 3 < 4. The '<' sign means 'less than.'

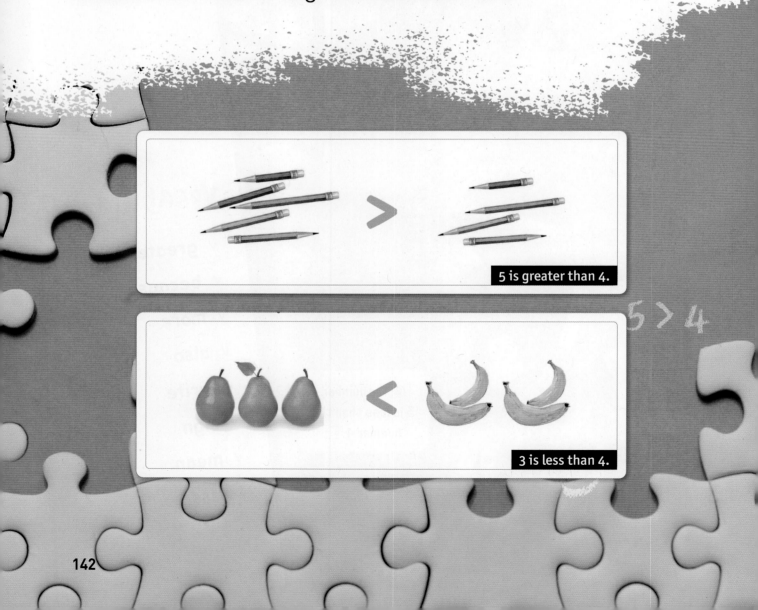

5 is greater than 4.

3 is less than 4.

A Choose the best answers.

1. **What is the passage mainly about?**

   a. numbers greater or less than others

   b. signs of numbers

   c. written numbers

2. **How can '4 is greater than 3.' be written?**

   a. $4 = 3$

   b. $4 < 3$

   c. $4 > 3$

3. **How do we say 4 < 5?**

   a. Four and five make nine.

   b. Four is less than five.

   c. Four is greater than five.

4. **Which number is less than eight?**

   a. nine

   b. seven

   c. ten

B Select True or False.

1. 'Nine is greater than eight' can also be written $9 > 8$. · · · · T / F

2. The '<' sign means 'more than.' · · · · · · · T / F

A Match the words with their meanings.

1.

a. greater in quantity, amount or number

2.

b. smaller in quantity, amount, or number

3.

c. to make letters on paper with a pencil

4.

d. a symbol that has a particular meaning

B Choose the correct words to fill in the blanks.

written	also	greater	because

1. The number 5 is greater than the number 4 _____ 5 is 1 more than 4.

2. This can _____ be written 5 > 4.

3. The '>' sign means '_____ than.'

4. The number 3 is less than the number 4. This can also be _____ 3 < 4.

Fill in the blanks with the proper words.

1. The number 5 is greater _____ the number 4.

2. 5 is 1 more _____ 4.

3. The number 3 is less _____ the number 4.

Summary

Fill in the blanks with the correct words to summarize the passage.

| less | written | also | than | greater |

The number 5 is _____ than the number 4.

This can also be _____ 5 > 4. The number 3 is

_____ _____ the number 4. This can

_____ be written 3 < 4.

Review Vocabulary Test

A **Write the correct words and the meanings in Korean.**

1.

   to be the same as something else

   [word] e _____ [meaning] _____

2.

   greater in quantity, amount or number

   [word] m _____ [meaning] _____

3.

   to go well with something

   [word] m _____ [meaning] _____

4.

   to move things or people apart

   [word] s _____ [meaning] _____

B **Choose the correct words to fill in the blanks.**

> sum   piles   dull   greater

1. The '>' sign means ' _____ than.'

2. Separate your crayons into warm and cool _____ .

3. The _____ of 2 + 3 is 5.

4. The icy gray-green of the frozen pond is matched by the _____ color of the sky.

C Complete the crossword puzzle.

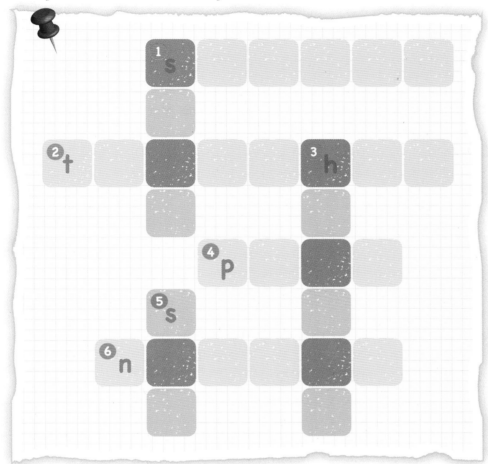

Across

1 one of the four time periods in a year
2 with someone or something else
4 a small area of fresh water
6 a word or sign that shows a quantity

Down

1 a symbol that has a particular meaning
3 someone who hunts wild animals
5 the result of adding numbers

Review Grammar Test

A Choose the correct words.

1. There (*is* / *are*) a bag on the desk.

2. It often rains (*on* / *in*) summer (*at* / *in*) Korea.

3. The number 6 is less (*that* / *than*) the number 9.

4. (*Draw* / *Draws*) a picture of a tree using only warm colors.

B Correct the underlined words and then rewrite the sentences.

1. There <u>is</u> few bright colors in winter.

   ➡

2. <u>Finishing</u> your homework by tomorrow.

   ➡

3. The number 5 is greater <u>that</u> the number 4.

   ➡

			영어	품사	뜻
☐ ☐ ☐	second	형	두 번째의
☐ ☐ ☐	largest	형	가장 큰 (large의 최상급)
☐ ☐ ☐	northern	형	북쪽의, 북부의
☐ ☐ ☐	part	명	지역
☐ ☐ ☐	hot	형	더운
☐ ☐ ☐	dry	형	건조한
☐ ☐ ☐	desert	명	사막
☐ ☐ ☐	call	동	부르다
☐ ☐ ☐	Sahara	명	사하라 사막
☐ ☐ ☐	central	형	중앙의
☐ ☐ ☐	plant	명	식물, 초목
☐ ☐ ☐	grow	동	자라다, 성장하다
☐ ☐ ☐	well	부	잘
☐ ☐ ☐	heavy	형	(양 등이) 많은
☐ ☐ ☐	water	동	물을 주다

			영어	품사	뜻
☐ ☐ ☐	neighbor	명	이웃
☐ ☐ ☐	touch	동	~에 닿다
☐ ☐ ☐	northwestern	형	북서부의
☐ ☐ ☐	stretch	동	뻗어있다
☐ ☐ ☐	west	부	서쪽으로
☐ ☐ ☐	Atlantic Ocean	명	대서양
☐ ☐ ☐	Ural Mountains	명	우랄 산맥
☐ ☐ ☐	divide	동	갈라 놓다
☐ ☐ ☐	mountain chain	명	산맥
☐ ☐ ☐	Alps	명	알프스 산맥
☐ ☐ ☐	high	형	높은
☐ ☐ ☐	peak	명	산꼭대기, 산 정상
☐ ☐ ☐	lower	형	더 낮은 (low의 비교급)
☐ ☐ ☐	north	명	북쪽, 북부
☐ ☐ ☐	south	명	남쪽, 남부

□ □ □ North America 명 북아메리카
□ □ □ third 형 세 번째의
□ □ □ country 명 나라, 국가
□ □ □ reach 동 (어떤 범위에) 이르다, 달하다
□ □ □ northern 형 북쪽의, 북부의
□ □ □ border 명 국경 지역, 국경
□ □ □ the United States 명 미국
□ □ □ almost 부 거의
□ □ □ top 명 맨 위, 꼭대기
□ □ □ central 형 중앙의
□ □ □ part 명 부분
□ □ □ west 명 서쪽
□ □ □ Pacific Ocean 명 태평양
□ □ □ east 명 동쪽
□ □ □ Atlantic Ocean 명 대서양

□ □ □ continent 명 대륙
□ □ □ cover 동 (언급된 지역에) 걸치다
□ □ □ about 부 약, 대략
□ □ □ area 명 지역, 구역
□ □ □ contain 동 ~을 포함하다
□ □ □ huge 형 거대한
□ □ □ empty 형 텅 빈
□ □ □ desert 명 사막
□ □ □ mountain 명 산
□ □ □ surround 동 둘러싸다
□ □ □ Mediterranean Sea 명 지중해
□ □ □ Black Sea 명 흑해
□ □ □ Arctic Ocean 명 북극해
□ □ □ Pacific Ocean 명 태평양
□ □ □ Indian Ocean 명 인도양

□ hare 명 토끼

□ boast 통 자랑하다

□ race 통 경주하다 명 경주

□ tortoise 명 거북이

□ laugh 통 (소리내어) 웃다

□ serious 형 진지한, 진심인

□ dart 통 쏜살같이 달리다

□ ahead 앞에, 앞으로

□ steady 형 꾸준한

□ pace 명 속도

□ nap 낮잠

□ fall asleep 잠이 들다

□ pass by ~을 지나가다

□ cross 통 (가로질러) 건너다

□ finish line 명 결승선

□ tool 명 도구

□ task 명 일

□ easier 형 더 쉬운 (easy의 비교급)

□ change 통 변하다

□ over the years 수년 간, 여러 해에 걸쳐

□ a long time ago 오래 전에

□ farmer 명 농부

□ horse 명 말

□ plow 명 쟁기

□ plant 통 심다

□ crop 명 농작물, 작물

□ machine 명 기계

□ used to ~였다, ~하곤 했다

□ simple 형 단순한

□ fast 부 빠르게

UNIT 14 The Grasshopper and the Ants

- □□□ field 명 들판
- □□□ fine 형 (날씨가) 좋은, 화창한
- □□□ grasshopper 명 배짱이, 메뚜기
- □□□ hop 통 (깡충깡충) 뛰다
- □□□ about 부 여기저기
- □□□ enjoy oneself 즐거운 시간을 보내다
- □□□ nearby 부 근처에
- □□□ hard 형 열심히 하는 부 열심히
- □□□ underground 부 지하에, 땅속에
- □□□ fill A with B A를 B로 채우다
- □□□ fellow 명 친구
- □□□ future 명 미래
- □□□ chill 명 냉기, 한기
- □□□ bare 형 (나무 등이) 헐벗은
- □□□ freezing 형 몹시 추운

UNIT 07 Goods

- □□□ goods 명 상품
- □□□ grow 통 재배하다, 기르다
- □□□ food 명 식품
- □□□ farm 명 농장
- □□□ kind 명 종류
- □□□ come from ~에서 나오다
- □□□ also 부 또한
- □□□ building 명 건물
- □□□ called 형 ~라고 불리는
- □□□ factory 명 공장
- □□□ most 형 대부분의
- □□□ use 통 사용하다
- □□□ instead 부 대신에
- □□□ buy 통 사다
- □□□ store 명 가게, 상점

☐☐☐	classical music	명 클래식 음악
☐☐☐	standard	명 표준의
☐☐☐	Western	명 서양의
☐☐☐	compose	동 작곡하다
☐☐☐	talented	명 재능이 있는
☐☐☐	musician	명 음악가
☐☐☐	well-trained	명 숙련된
☐☐☐	play	동 연주하다
☐☐☐	perform	동 연주하다, 공연하다
☐☐☐	well	부 잘
☐☐☐	require	동 ~을 필요로 하다
☐☐☐	great	명 훌륭한, 위대한
☐☐☐	art	명 기술, 예술
☐☐☐	skill	명 기량, 기술
☐☐☐	be called	동 ~라고 불리다

☐☐☐	be made up of	~로 구성되다
☐☐☐	hundreds of	수백 개의
☐☐☐	different	명 다른, 여러 가지의
☐☐☐	part	명 (신체의) 부위, 기관
☐☐☐	hidden	명 숨겨진, 숨은
☐☐☐	inside	전 ~ 안에
☐☐☐	often	부 자주, 종종
☐☐☐	come	동 (특정한 형태로) 나오다
☐☐☐	in pairs	쌍으로, 짝을 지어
☐☐☐	feet	명 발 (foot의 복수형)
☐☐☐	lung	명 폐, 허파
☐☐☐	and so on	~ 등등
☐☐☐	mean	동 ~을 의미하다
☐☐☐	spare	명 여분
☐☐☐	damaged	명 손상을 입은

□□□	**jazz**	명 재즈
□□□	**born**	형 태어난
□□□	**around**	부 약, ~쯤
□□□	**blues**	명 블루스
□□□	**influence**	동 ~에 영향을 주다
□□□	**mix**	동 혼합하다
□□□	**European**	형 유럽의
□□□	**instrument**	명 악기
□□□	**such as**	~와 같은
□□□	**trumpet**	명 트럼펫
□□□	**saxophone**	명 색소폰
□□□	**clarinet**	명 클라리넷
□□□	**drum**	명 드럼
□□□	**double bass**	명 더블 베이스
□□□	**banjo**	명 밴조

□□□	**river**	명 강
□□□	**lake**	명 호수
□□□	**oxygen**	명 산소
□□□	**breathe**	동 숨을 쉬다
□□□	**underwater**	부 물속에서
□□□	**gill**	명 아가미
□□□	**draw**	동 들이마시다
□□□	**filter**	동 여과한다, 거른다
□□□	**out of**	~에서, ~으로부터
□□□	**tail**	명 꼬리
□□□	**flick**	동 잽싸게 움직이다
□□□	**push**	동 밀다
□□□	**forward**	부 앞쪽으로, 앞으로
□□□	**fin**	명 지느러미
□□□	**steer**	동 조종하다

☐	**separate**	통 분리하다
☐	**crayon**	명 크레용
☐	**marker**	명 매직펜
☐	**colored pencil**	명 색연필
☐	**oil pastel**	명 오일 파스텔
☐	**cool**	형 시원한
☐	**pile**	명 더미
☐	**draw**	통 그리다
☐	**picture**	명 그림
☐	**next**	부 그 다음에
☐	**look at**	~을 보다
☐	**thought**	명 생각
☐	**each of**	~의 각각
☐	**bring to mind**	~을 생각나게 하다
☐	**favorite**	명 가장 좋아하는 것

☐	**insect**	명 곤충
☐	**leg**	명 다리
☐	**head**	명 머리
☐	**thorax**	명 가슴
☐	**abdomen**	명 배, 복부
☐	**surprisingly**	부 놀랍게도
☐	**large**	형 큰
☐	**pest**	명 해충
☐	**important**	형 중요한
☐	**in fact**	사실
☐	**without**	전 ~ 없이
☐	**for instance**	예를 들어
☐	**dung beetle**	명 쇠똥구리
☐	**clean up**	~을 치우다
☐	**dung**	명 똥, 거름

☐☐☐	hunter	명 사냥꾼
☐☐☐	season	명 계절
☐☐☐	bright	형 밝은
☐☐☐	winter	명 겨울
☐☐☐	spring	명 봄
☐☐☐	artist	명 화가
☐☐☐	mainly	부 주로
☐☐☐	suggest	동 시사하다, 표현하다
☐☐☐	weather	명 날씨
☐☐☐	bare	형 (나무 등이) 헐벗은
☐☐☐	icy	형 얼음으로 찬
☐☐☐	frozen	형 얼어붙은
☐☐☐	pond	명 연못
☐☐☐	match	동 어울리다
☐☐☐	dull	형 칙칙한, 탁한

☐☐☐	bird	명 새
☐☐☐	feather	명 깃털
☐☐☐	creature	명 생물
☐☐☐	use	동 사용하다
☐☐☐	fly	동 날다
☐☐☐	keep	동 유지하다, 보유하다
☐☐☐	warm	형 따뜻한
☐☐☐	wing	명 날개
☐☐☐	light	형 가벼운
☐☐☐	skeleton	명 뼈대
☐☐☐	bone	명 뼈
☐☐☐	hollow	형 속이 빈
☐☐☐	short	형 짧은
☐☐☐	body	명 몸, 몸통
☐☐☐	too	부 ~도 또한

- [ ] [ ] add   동 합하다, 더하다
- [ ] [ ] two   명 2, 둘
- [ ] [ ] number   명 숫자
- [ ] [ ] together   부 함께
- [ ] [ ] result   명 결과
- [ ] [ ] get   동 얻다
- [ ] [ ] call   동 부르다
- [ ] [ ] sum   명 합계
- [ ] [ ] different   형 다른, 여러 가지의
- [ ] [ ] way   명 방법
- [ ] [ ] say   동 말하다
- [ ] [ ] plus   전 더하기
- [ ] [ ] equal   동 같다
- [ ] [ ] or   접 또는
- [ ] [ ] make   동 만들다

접는선

- [ ] [ ] moon   명 달
- [ ] [ ] go around   ~의 주위를 돌다
- [ ] [ ] light up   ~을 밝게 하다, 비추다
- [ ] [ ] sometimes   부 때때로, 가끔
- [ ] [ ] whole   형 전체의
- [ ] [ ] other   형 다른
- [ ] [ ] only   부 오직, 단지
- [ ] [ ] small   형 작은
- [ ] [ ] part   명 부분, 일부
- [ ] [ ] because   접 ~때문에
- [ ] [ ] produce   동 생산하다, 만들어 내다
- [ ] [ ] reflect   동 반사하다
- [ ] [ ] large   형 큰
- [ ] [ ] look   동 ~해 보이다
- [ ] [ ] far away   멀리 떨어져

UNIT 20 Greater Than and Less Than

- □□□ number 영 숫자
- □□□ greater 영 더 큰 (great의 비교급)
- □□□ than 전 ~보다
- □□□ because 접 ~ 때문에
- □□□ more 형 더 큰, 더 많은
- □□□ this 대 이것
- □□□ can 조 ~할 수 있다
- □□□ also 부 또한
- □□□ write 통 쓰다, 적다
- □□□ sign 영 부호, 기호
- □□□ mean 통 ~을 의미하다
- □□□ less 형 더 적은, 더 작은

UNIT 01 The Sun

- □□□ sun 영 태양
- □□□ look like ~처럼 보이다
- □□□ star 영 별
- □□□ all the same 그래도, 그럼에도 불구하고
- □□□ just like ~와 마찬가지로, ~처럼
- □□□ give off (열·빛 등을) 내다, 발산하다
- □□□ heat 영 열
- □□□ light 영 빛
- □□□ Earth 영 지구
- □□□ planet 영 행성
- □□□ so much 훨씬 더
- □□□ big 형 큰
- □□□ bright 형 밝은, 빛나는
- □□□ because 접 ~ 때문에
- □□□ close 형 가까운

접는선

영어 리딩의 최종 목적지, 논픽션 리딩에 강해지는

READING
미국교과서 리딩
LEVEL 3 ②

- 논픽션 독해력 미국 교과과정의 핵심 지식 습득과 독해력 향상
- 문제 해결력 지문 내용을 완전히 소화하도록 하는 수준별 독해 유형 연습
- 통합사고력 배경지식과 새로운 정보를 연결하여 내 것으로 만드는 연습
- 자기주도력 스스로 계획하고 성취도를 점검하는 자기주도 학습 습관 형성

READING
미국교과서 리딩

3.2

Word List

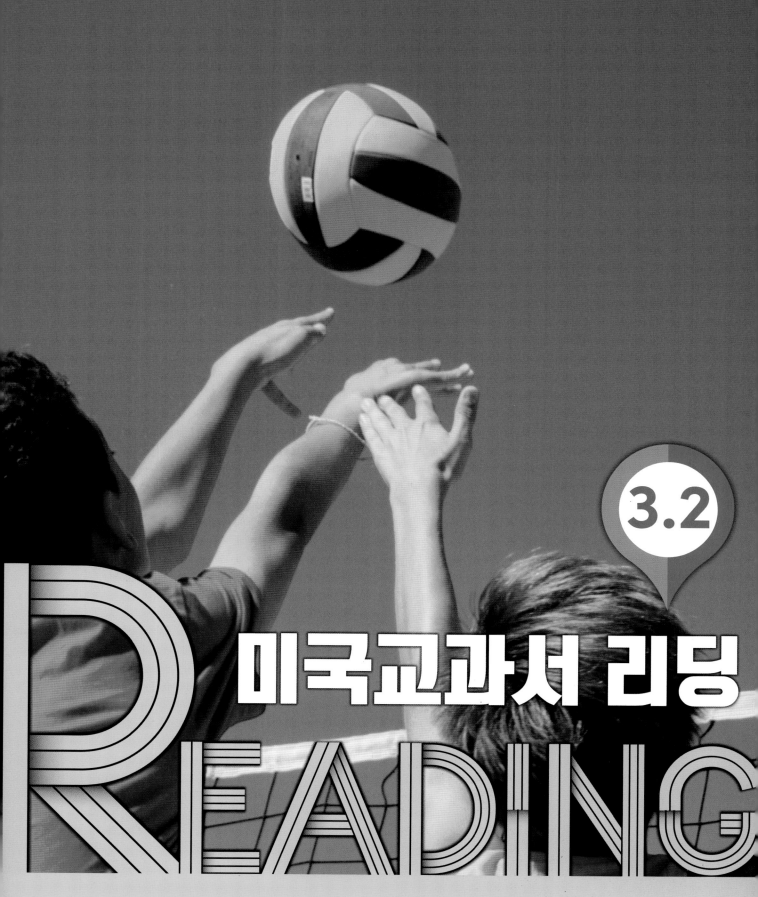

미국교과서 리딩 READING

3.2

READING

Workbook & Answer Key

READING

미국교과서 리딩

LEVEL 3 ②

Workbook

길벗스쿨

The Sun

A Look, choose, and write.

1.

give off

2.

3.

| star |
| planet |
| big |
| close |
| heat |
| give off |

4.

5.

6.

B Look, read, and circle.

1.

Look at
ⓐ the sun
ⓑ an egg
.

2.

It is
ⓐ bright
ⓑ tight
.

3.

The sun gives off
ⓐ dark
ⓑ light
.

4.

This is
ⓐ Earth
ⓑ the sun
.

The Moon

A Look, choose, and write.

1.

other

2.

3.

4.

5.

6.

moon
whole
reflect
other
far away
produce

B Look, read, and circle.

1.

This is a ⓐ whole / ⓑ half cake.

2.

He is looking at himself ⓐ lit / ⓑ reflected in the water.

3.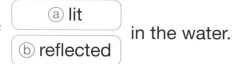

The mountain is ⓐ far away / ⓑ close .

4.

There is the full ⓐ Earth / ⓑ moon .

A   Look, choose, and write.

1.

hollow

2.

3.

fly

creature

feather

hollow

skeleton

wing

4.

5.

6.

B   Look, read, and circle.

1.

Only birds have
- ⓐ feathers
- ⓑ legs

2.

Birds can fly because of their
- ⓐ light
- ⓑ heavy

skeletons.

3.

These birds have
- ⓐ wind
- ⓑ wings

4.

The museum has a room for dinosaur
- ⓐ furs
- ⓑ bones

Insects

A   Look, choose, and write.

1.

thorax

2.

3.

| dung beetle |
| surprisingly |
| thorax |
| important |
| pest |
| abdomen |

4.

5.

6.

B   Look, read, and circle.

1.

Eating healthy food is the most 　ⓐ dangerous　 thing.
　ⓑ important

2.

There are many sports. For 　ⓐ instance　, we can enjoy
　ⓑ surprise
soccer, baseball, and tennis.

3.

A 　ⓐ dung beetle　 rolls a ball of dung.
　ⓑ spider

4.

Look at this small 　ⓐ insect　.
　ⓑ bird

Fish

A Look, choose, and write.

1.
steer

2.

3.

| filter |
| tail |
| breathe |
| steer |
| gill |
| lake |

4.

5.

6.

B Look, read, and circle.

1.
Fish can breathe underwater through their _____ .
ⓐ tails
ⓑ gills

2.
We need _____ to live.
ⓐ oxygen
ⓑ pests

3.
She is learning how to _____ a bicycle.
ⓐ steer
ⓑ draw

4.
Wind makes the leaves _____ .
ⓐ flick
ⓑ filter

6

The Human Body

A Look, choose, and write.

1.

spare

2.

3.

4.

5.

6.

different

in pairs

inside

damaged

spare

hidden

B Look, read, and circle.

1.

There are
ⓐ different
ⓑ same
shapes of blocks.

2.

They are dancing in
ⓐ spare
ⓑ pairs
.

3.

There are cookies
ⓐ on
ⓑ inside
an oven.

4.

She found a
ⓐ hidden
ⓑ damaged
waterfall.

Goods

A Look, choose, and write.

1.

store

2.

3.

| farm |
| store |
| building |
| kind |
| factory |
| grow |

4.

5.

6.

B Look, read, and circle.

1.

Prices are marked on the _____ .
ⓐ books
ⓑ goods

2.

This city has a lot of tall _____ .
ⓐ buildings
ⓑ farms

3.

She _____ plants.
ⓐ uses
ⓑ grows

4.

ⓐ Instead
ⓑ Kind
of eating a big meal, he is eating soup.

Tools

A Look, choose, and write.

1.

plow

2.

_____

3.

_____

plant

farmer

plow

fast

task

change

4.

_____

5.

_____

6.

_____

B Look, read, and circle.

1.

The weather
ⓐ changes
ⓑ works
.

2.

There are many kinds of
ⓐ tools
ⓑ tasks
.

3.

Rice is an important
ⓐ drink
ⓑ crop
.

4.

This is a
ⓐ long
ⓑ simple
maze.

Asia

A Look, choose, and write.

1.

cover

2.

3.

mountain

continent

empty

desert

surround

cover

4.

5.

6.

B Look, read, and circle.

1.

Donuts  @ produce ⓑ contain much sugar.

2.

Driving a car in the @ air ⓑ desert can be dangerous.

3.

The @ oceans ⓑ mountains are covered with snow.

4.

A bird is @ surrounded ⓑ rounded by flowers.

Europe

A Look, choose, and write.

1.

neighbor

2.

3.

| touch |
| mountain chain |
| neighbor |
| south |
| peak |
| divide |

4.

5.

6.

B Look, read, and circle.

1.

A compass needle is pointing ⓐ north / ⓑ south .

2.

Europe touches the ⓐ underwater / ⓑ northwestern part of Asia.

3.

The beach ⓐ touches / ⓑ stretches for miles.

4.

Look at this mountain ⓐ chain / ⓑ cover .

Africa

A Look, choose, and write.

1.
heavy

2.
_____

3.
_____

| water |
| central |
| dry |
| heavy |
| northern |
| largest |

4.
_____

5.
_____

6.
_____

B Look, read, and circle.

1.
He is
ⓐ drawing
ⓑ watering
plants.

2.
Air conditioners make a room
ⓐ heavy
ⓑ dry
.

3.
Ostriches are the
ⓐ larger
ⓑ largest
birds in the world.

4.
The
ⓐ central
ⓑ empty
part of a city has many cars and people.

12

A Look, choose, and write.

1.
part

2.

3.

border

east

west

the United States

part

almost

4.

5.

6.

B Look, read, and circle.

1.

The capital city of the
ⓐ United
ⓑ Unity
States is

Washington D.C.

2.

We only know a small
ⓐ part
ⓑ top
of the universe.

3.

ⓐ Canada
ⓑ East
is opposite of west.

4.

He stretches his arm to
ⓐ hear
ⓑ reach
the book.

The Hare and the Tortoise

A Look, choose, and write.

1.

boast

2.

3.

4.

5.

6.

tortoise

boast

race

ahead

nap

hare

B Look, read, and circle.

1.

He is a very
ⓐ serious
ⓑ excited
person.

2.

She is
ⓐ boasting
ⓑ darting
off.

3.

This kitty is taking a
ⓐ walk
ⓑ nap
.

4.

A snail is moving at a
ⓐ steady
ⓑ fast
pace.

The Grasshopper and the Ants

A Look, choose, and write.

1.

   nearby

2.

   _____

3.

   _____

chill
grasshopper
hop
nearby
future
fine

4.

   _____

5.

   _____

6.

   _____

B Look, read, and circle.

1.

   He is studying ⓐ hardly / ⓑ hard .

2.

   It's ⓐ freezing / ⓑ fine outside.

3.

   Trees are ⓐ bare / ⓑ bear in winter.

4.

   He is a very unique ⓐ farmer / ⓑ fellow .

Classical Music

A Look, choose, and write.

1.

talented

2.

3.

4.

5.

6.

play

skill

perform

talented

classical music

compose

B Look, read, and circle.

1.

The
ⓐ standard
ⓑ stand
symbol for "stop" is a red octagon.

2.

He is
ⓐ calling
ⓑ playing
the piano.

3.

She is a
ⓐ talented
ⓑ composed
musician.

4.

She is dancing with great
ⓐ skill
ⓑ country
.

Jazz

A Look, choose, and write.

1.
blues

2.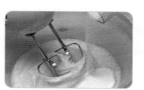

3.

4.

5.

6.

mix

drum

born

trumpet

blues

instrument

B Look, read, and circle.

1.
He is playing the
ⓐ guitar
ⓑ saxophone
.

2.
A
ⓐ banjo
ⓑ clarinet
makes beautiful sounds.

3.
Music can
ⓐ influence
ⓑ perform
your feelings.

4.
They are playing
ⓐ jazz
ⓑ drum
.

Warm and Cool Colors

A Look, choose, and write.

1.

oil pastel

2.

_____

3.

_____

marker

pile

thought

separate

crayon

oil pastel

4.

_____

5.

_____

6.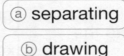

_____

B Look, read, and circle.

1.

She is ⓐ separating / ⓑ drawing a picture.

2.

These are ⓐ crayons / ⓑ markers.

3.

His ⓐ cool / ⓑ favorite food is pizza.

4.

He is reading between the ⓐ piles / ⓑ trees of books.

The Hunters in the Snow

A   Look, choose, and write.

1.

weather

2.

3.

| spring |
| hunter |
| weather |
| season |
| winter |
| pond |

4.

5.

6.

B   Look, read, and circle.

1.

His sunglasses
ⓐ suggest
ⓑ match
with his outfit.

2.

Their favorite
ⓐ season
ⓑ subject
is winter.

3.

This is a bare tree in
ⓐ spring
ⓑ winter
.

4.

gray

Gray is considered as a
ⓐ dull
ⓑ warm
color.

A Sum and Ways of Saying Addition

A Look, choose, and write.

1.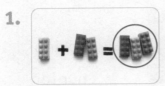

sum

2.

_____

3.

_____

| equal |
| number |
| add |
| plus |
| sum |
| together |

4.

_____

5.

_____

6.

_____

B Look, read, and circle.

1.

Pick a ⓐ number / ⓑ way from one to ten.

2.

The ⓐ sum / ⓑ counting of this problem is four.

3.

She is happy with the test ⓐ result / ⓑ failure .

4.

Six plus three ⓐ says / ⓑ equals nine.

Greater Than and Less Than

A Look, choose, and write.

1.
greater

2.

3.

4.

5.

6.  = love

sign
greater
write
mean
less
more

B Look, read, and circle.

1.
He is lying on the bed ⓐ but / ⓑ because he is sick.

2.
She is ⓐ sleeping / ⓑ writing in a notebook.

3.
The '+' ⓐ sign / ⓑ saying shows that you are adding.

4.
This bike is new and ⓐ also / ⓑ not expensive. It costs a lot.

Unit 01 Ⓐ 1. give off 2. big 3. planet
4. star 5. heat 6. close
Ⓑ 1. ⓐ 2. ⓐ 3. ⓑ 4. ⓐ

Unit 02 Ⓐ 1. other 2. moon 3. far away
4. reflect 5. produce 6. whole
Ⓑ 1. ⓐ 2. ⓑ 3. ⓐ 4. ⓑ

Unit 03 Ⓐ 1. hollow 2. wing 3. skeleton
4. fly 5. creature 6. feather
Ⓑ 1. ⓐ 2. ⓐ 3. ⓑ 4. ⓑ

Unit 04 Ⓐ 1. thorax 2. surprisingly 3. dung
beetle 4. important 5. abdomen 6. pest
Ⓑ 1. ⓑ 2. ⓐ 3. ⓐ 4. ⓐ

Unit 05 Ⓐ 1. steer 2. tail 3. breathe 4. lake
5. filter 6. gill
Ⓑ 1. ⓑ 2. ⓐ 3. ⓐ 4. ⓐ

Unit 06 Ⓐ 1. spare 2. different 3. hidden
4. in pairs 5. inside 6. damaged
Ⓑ 1. ⓐ 2. ⓑ 3. ⓑ 4. ⓐ

Unit 07 Ⓐ 1. store 2. grow 3. farm
4. factory 5. kind 6. building
Ⓑ 1. ⓑ 2. ⓐ 3. ⓑ 4. ⓐ

Unit 08 Ⓐ 1. plow 2. farmer 3. plant 4. fast
5. change 6. task
Ⓑ 1. ⓐ 2. ⓐ 3. ⓑ 4. ⓑ

Unit 09 Ⓐ 1. cover 2. mountain 3. desert
4. empty 5. continent 6. surround
Ⓑ 1. ⓑ 2. ⓑ 3. ⓑ 4. ⓐ

Unit 10 Ⓐ 1. neighbor 2. peak 3. south
4. divide 5. mountain chain 6. touch
Ⓑ 1. ⓐ 2. ⓑ 3. ⓑ 4. ⓐ

Unit 11 Ⓐ 1. heavy 2. water 3. northern
4. dry 5. central 6. largest
Ⓑ 1. ⓑ 2. ⓑ 3. ⓑ 4. ⓐ

Unit 12 Ⓐ 1. part 2. border 3. west
4. east 5. almost 6. the United States
Ⓑ 1. ⓐ 2. ⓐ 3. ⓑ 4. ⓑ

Unit 13 Ⓐ 1. boast 2. race 3. tortoise
4. ahead 5. hare 6. nap
Ⓑ 1. ⓐ 2. ⓑ 3. ⓑ 4. ⓐ

Unit 14 Ⓐ 1. nearby 2. grasshopper 3. hop
4. chill 5. fine 6. future
Ⓑ 1. ⓑ 2. ⓐ 3. ⓐ 4. ⓑ

Unit 15 Ⓐ 1. talented 2. compose 3. play
4. perform 5. skill 6. classsical music
Ⓑ 1. ⓐ 2. ⓑ 3. ⓐ 4. ⓐ

Unit 16 Ⓐ 1. blues 2. born 3. mix
4. trumpet 5. drum 6. instrument
Ⓑ 1. ⓑ 2. ⓑ 3. ⓐ 4. ⓐ

Unit 17 Ⓐ 1. oil pastel 2. crayon 3. pile
4. marker 5. thought 6. separate
Ⓑ 1. ⓑ 2. ⓐ 3. ⓑ 4. ⓐ

Unit 18 Ⓐ 1. weather 2. hunter 3. spring
4. pond 5. season 6. winter
Ⓑ 1. ⓑ 2. ⓐ 3. ⓑ 4. ⓐ

Unit 19 Ⓐ 1. sum 2. number 3. equal
4. plus 5. add 6. together
Ⓑ 1. ⓐ 2. ⓐ 3. ⓐ 4. ⓑ

Unit 20 Ⓐ 1. greater 2. write 3. sign
4. more 5. less 6. mean
Ⓑ 1. ⓑ 2. ⓑ 3. ⓐ 4. ⓐ

R미국교과서 리딩
READING

LEVEL 3 ②

Answer Key

길벗스쿨

p.14

| 본문 해석 | 태양

태양은 별처럼 보이지 않습니다. 하지만 그럼에도 불구하고 태양은 별입니다. 다른 별들처럼 태양은 열과 빛을 냅니다.

우리의 행성 지구는 태양으로부터 열과 빛을 얻습니다.

태양은 지구에 훨씬 더 가깝기 때문에 다른 별들보다 훨씬 더 크고 밝아 보입니다.

| 정답 |

Comprehension Checkup Ⓐ **1.** a **2.** a **3.** c **4.** b Ⓑ **1.** F **2.** T

Vocabulary Focus Ⓐ **1.** d **2.** a **3.** c **4.** b

Ⓑ **1.** sun **2.** star **3.** heat **4.** planet

Grammar Focus **1.** The **2.** The **3.** The

Summary gives off / light / looks / brighter / closer

| 삽화 말풍선 문장 | p.14

① 태양은 별이야.

② 지구는 태양으로부터 열과 빛을 받아.

| Vocabulary | p.15

• sun 명 태양

• star 명 별

• give off (열 등을) 내다, 발산하다

• heat 명 열

• light 명 빛

• planet 명 행성

• big 형 큰

• bright 형 밝은

• close 형 가까운

| Reading Focus | p.15

• 태양은 무엇을 발산하나요?

• 왜 태양은 다른 별들보다 더 크고 밝아 보이나요?

| 본문 그림 자료 | p.16

• the sun 태양

• Earth 지구

• Distance Between the Sun and Earth
  태양과 지구 사이의 거리

| 문제 정답 및 해석 | p.17

Comprehension Checkup

Ⓐ **가장 알맞은 답을 고르세요.**

1. 본문은 주로 무엇에 관한 글입니까? [a]

   a. 태양의 특징

   b. 지구의 특징

   c. 별의 종류

2. 별은 무엇을 합니까? [a]

   a. 별은 열과 빛을 냅니다.

   b. 별은 지구에 더 가까이 갑니다.

   c. 별은 태양 쪽으로 움직입니다.

3. 태양은 왜 별입니까? [c]

   a. 행성이기 때문에

   b. 별과 닮았기 때문에

   c. 다른 별들과 공통점이 있기 때문에

4. 태양은 왜 다른 별들보다 더 커 보입니까?　　　[b]

  a. 더 크기 때문에

  b. 지구에 더 가까이 있기 때문에

  c. 더 많은 열과 빛을 내기 때문에

B 맞는 문장은 T를, 맞지 않는 문장은 F를 고르세요.

1. 태양은 다른 별들과 비슷해 보입니다.　　　[F]

2. 태양은 지구에게 빛을 제공합니다.　　　[T]

Vocabulary Focus

A 다음 단어를 알맞은 뜻과 연결하세요.

1. 큰 - - - - **d.** 평균 크기나 양보다 더 크거나 많은

2. 내다, 발산하다 - - - - **a.** 열, 빛, 냄새 등을 생산하다

3. 밝은 - - - - **c.** 강렬하게 빛나는

4. 가까운 - - - - **b.** 어떤 것으로부터 멀지 않은

B 다음 빈칸에 알맞은 단어를 고르세요.

별 / 열 / 행성 / 태양

1. 태양은 별처럼 보이지 않습니다.　　　[sun]

2. 그럼에도 불구하고 태양은 별입니다.　　　[star]

3. 태양은 열과 빛을 냅니다.　　　[heat]

4. 우리의 행성 지구는 태양으로부터 열과 빛을 얻습니다.

　　　[planet]

Grammar Focus

정관사 the

정관사 the는 앞에서 언급된 명사 혹은 문맥상 무엇을 말하는지 알
수 있는 명사를 가리킬 때 사용합니다. 그리고 뒤에 있는 형용사구
[형용사절]의 수식을 받는 경우나 세상에 단 하나뿐인 것, 즉 '태양',
'달' 등을 말할 때도 사용합니다.

알맞은 단어를 고르세요.

1. 태양은 별처럼 보이지 않습니다.　　　[The]

2. 태양은 열과 빛을 냅니다.　　　[The]

3. 책상 위에 있는 그 책은 나의 것입니다.　　　[The]

Summary

주어진 단어를 이용해 빈칸을 채워 본문을 요약하세요.

더 밝은 / ~해 보이다 / 더 가까운 / 발산하다 / 빛

The sun is a star that gives off heat and light. The sun
looks bigger and brighter than other stars because it
is so much closer to Earth.

태양은 열과 빛을 발산하는 별입니다. 태양은 지구에 훨씬 더 가까
이 있기 때문에 다른 별들보다 더 크고 더 밝아 보입니다.

Workbook

별책 p. 2

A 그림에 알맞은 단어를 골라 쓰세요.

1. give off　　**2.** big　　**3.** planet

4. star　　**5.** heat　　**6.** close

B 그림을 보고 알맞은 단어에 동그라미 하세요.

1. 태양을 보세요.　　　[ⓐ]

2. 그것은 밝습니다.　　　[ⓐ]

3. 태양은 빛을 발산합니다.　　　[ⓑ]

4. 이것은 지구입니다.　　　[ⓐ]

p.20

| 본문 해석 | **달**

달은 태양의 빛을 받아 빛나면서 지구 주위를 돕니다. 때때로 우리는 달 전체를 볼 수 있습니다. 또 어떤 때는 달의 작은 일부만 볼 수 있습니다. 왜냐하면 달이 빛을 내지 않기 때문입니다. 우리는 태양빛을 반사하는 달의 일부만 볼 수 있습니다.

달은 크지만, 지구에서 멀리 떨어져 있기 때문에 작아 보입니다.

| 정답 |

Comprehension Checkup Ⓐ **1.** b **2.** c **3.** b **4.** c Ⓑ **1.** F **2.** F

Vocabulary Focus Ⓐ **1.** c **2.** a **3.** d **4.** b

Ⓑ **1.** around **2.** lit **3.** light **4.** reflects

Grammar Focus **1.** because **2.** but **3.** and

Summary lit / light / reflecting / sun / far

| 삽화 말풍선 문장 | p.20

① 달은 태양에 의해 빛이 비춰져.

② 달은 지구 주위를 돌아.

| Vocabulary | p.21

- moon 명 달
- whole 형 전체의, 모든
- other 형 다른
- produce 동 만들어 내다
- reflect 동 반사하다, 비추다
- far away 멀리 떨어져

| Reading Focus | p.21

- 왜 달의 모양이 바뀌는 것처럼 보이나요?
- 달은 왜 작아 보이나요?

| 본문 그림 자료 | p.22

The Phases of the Moon 달의 위상

- waxing crescent 초승달
- waxing gibbous 상현
- full moon 보름달
- waning gibbous 하현
- waning crescent 그믐달

| 문제 정답 및 해석 | p.23

Comprehension Checkup

Ⓐ **가장 알맞은 답을 고르세요.**

1. 본문은 주로 무엇에 관한 글입니까? [b]

  a. 달의 특징

  b. 달이 어떻게 모양을 바꾸는지

  c. 달과 지구 사이의 거리

2. 우리는 달의 어느 부분을 볼 수 있습니까? [c]

  a. 작아 보이는 부분

  b. 빛을 내는 부분

  c. 태양의 빛을 반사하는 부분

3. 지구에서 달이 왜 작아 보입니까? [b]

  a. 달이 작기 때문에

  b. 달이 멀리 떨어져 있기 때문에

  c. 달이 빛을 반사하기 때문에

4. 본문을 통해 달에 대해 무엇을 추론할 수 있습니까?　　[c]

   a. 달은 지구보다 더 큽니다.

   b. 달의 일부만 빛을 냅니다.

   c. 지구에서 달은 다르게 보입니다.

B 맞는 문장은 T를, 맞지 않는 문장은 F를 고르세요.

1. 지구는 달 주위를 돕니다.　　[F]

2. 달은 태양을 비춥니다.　　[F]

Vocabulary Focus

A 다음 단어를 알맞은 뜻과 연결하세요.

1. 전체의 ---- **c.** 어떤 것의 모든

2. 다른 ---- **a.** 막 언급된 것이 아닌, 다른 것의

3. 멀리 떨어져 ---- **d.** 먼 거리에 있는

4. 반사하다 ---- **b.** 빛이나 소리를 되돌리다

B 다음 빈칸에 알맞은 단어를 고르세요.

~ 주위에 / 빛 / 반사하다 / 빛이 비춰진

1. 달은 지구 주위를 돕니다.　　[around]

2. 달은 태양에 의해 빛이 비춰집니다.　　[lit]

3. 달은 빛을 내지 않습니다.　　[light]

4. 달은 태양빛을 반사합니다.　　[reflects]

Grammar Focus

접속사 and, but, because

접속사는 두 개 이상의 어휘나 구, 문장을 하나로 이어 주는 말입니다. and는 '그리고, ~와', but은 '그러나', because는 '~하기 때문에'라는 의미로 쓰입니다.

알맞은 단어를 고르세요.

1. 이것은 달이 빛을 내지 않기 때문입니다.　　[because]

2. 달은 크지만, 멀리 떨어져 있기 때문에 작아 보입니다.　　[but]

3. 태양은 열과 빛을 냅니다.　　[and]

Summary

주어진 단어를 이용해 빈칸을 채워 본문을 요약하세요.

반사하는 / 빛 / 멀리 / 태양 / 빛이 비춰진

The moon is lit up by the sun, and produces no light. When we see the parts of the moon, they are reflecting the light from the sun. The moon is far away from Earth.

달은 태양에 의해 빛이 비춰지고, 빛을 내지는 않습니다. 우리가 달의 일부를 볼 때, 그 부분들은 태양으로부터 오는 빛을 반사하고 있는 것입니다. 달은 지구에서 멀리 떨어져 있습니다.

Workbook 별책 p.3

A 그림에 알맞은 단어를 골라 쓰세요.

1. other　　**2.** moon　　**3.** far away

4. reflect　　**5.** produce　　**6.** whole

B 그림을 보고 알맞은 단어에 동그라미 하세요.

1. 이것은 케이크 전체입니다.　　[ⓐ]

2. 그는 물에 반사된 자신의 모습을 보고 있습니다.　　[ⓑ]

3. 산은 멀리 떨어져 있습니다.　　[ⓐ]

4. 보름달이 있습니다.　　[ⓑ]

p.26

| 본문 해석 | **새**

새는 깃털을 가지고 있습니다. 다른 생물에게는 깃털이 없습니다. 새는 깃털을 이용해서 날고 자신의 몸을 따뜻하게 보호합니다.

새는 날개와 매우 가벼운 뼈대를 가지고 있기 때문에 날 수 있습니다. 많은 뼈가 속이 텅 비어 있기 때문에 그들은 가볍습니다.

대부분의 새는 또한 나는 것을 도와주는 짧고 작은 몸통을 가지고 있습니다. 그러나 어떤 새는 날지 못합니다.

| 정답 |

Comprehension Checkup Ⓐ **1.** a **2.** b **3.** c **4.** b　Ⓑ **1.** T **2.** F

Vocabulary Focus Ⓐ **1.** d **2.** b **3.** a **4.** c

　　　　　　　　　Ⓑ **1.** creatures **2.** warm **3.** wings **4.** bones

Grammar Focus **1.** Other creatures do not[don't] have feathers.

　　　　　　　　2. She does not[doesn't] like Japanese food.

Summary feathers / keep / skeletons / small / fly

| 삽화 말풍선 문장 | p.26

① 오직 새만 깃털을 가지고 있어.

② 어떤 새는 날지 못해.

| Vocabulary | p.27

• feather 명 깃털

• creature 명 생물

• fly 동 날다

• wing 명 날개

• light 형 가벼운

• skeleton 명 뼈대

• bone 명 뼈

• hollow 형 속이 빈

| Reading Focus | p.27

• 새는 왜 깃털이 필요한가요?

• 새의 뼈대는 왜 가벼운가요?

| 본문 그림 자료 | p.28

Birds 새

• owl 올빼미　• penguin 펭귄　• eagle 독수리

• duck 오리　• pigeon 비둘기　• ostrich 타조

| 문제 정답 및 해석 | p.29

Comprehension Checkup

Ⓐ 가장 알맞은 답을 고르세요.

1. 본문은 주로 무엇에 관한 글입니까? [a]

　a. 새의 신체 부위

　b. 생물의 특징

　c. 새의 부리

2. 새의 뼈대는 왜 가볍습니까? [b]

　a. 몸이 짧기 때문에

　b. 대부분의 뼈가 속이 텅 비어 있기 때문에

　c. 뼈가 많지 않기 때문에

3. 대부분의 새의 몸은 어떤 모습입니까? [c]

　a. 큽니다.

　b. 깁니다.

　c. 짧고 작습니다.

4. 본문에서 무엇을 추론할 수 있습니까? [b]

　a. 대부분의 새는 따뜻하게 유지하는 것을 좋아합니다.

b. 대부분의 새의 몸은 날 수 있도록 만들어졌습니다.

c. 날지 못하는 새는 날개가 없습니다.

B 맞는 문장은 T를, 맞지 않는 문장은 F를 고르세요.

1. 깃털은 새의 몸을 따뜻하게 유지해 줍니다.　　　　　[T]

2. 어떤 새들은 깃털을 가지고 있지 않습니다.　　　　　[F]

Vocabulary Focus

A 다음 단어를 알맞은 뜻과 연결하세요.

1. 생물 ---- d. 식물을 제외한 모든 생명체

2. 속이 빈 ---- b. 안에 빈 공간이 있는

3. 가벼운 ---- a. 무겁지 않은

4. 뼈대 ---- c. 사람이나 동물 안에 있는 모든 뼈

B 다음 빈칸에 알맞은 단어를 고르세요.

　　　　　뼈 / 날개 / 생물 / 따뜻한

1. 다른 <u>생물</u>들과는 다르게 새는 깃털을 가집니다. [creatures]

2. 새는 날기 위해서, 그리고 스스로를 <u>따뜻하게</u> 유지하기 위해서 깃털을 사용합니다.　　　　　[warm]

3. 새는 <u>날개</u>를 가지고 있기 때문에 날 수 있습니다. [wings]

4. 새의 많은 <u>뼈</u>는 속이 비어 있습니다.　　　　　[bones]

Grammar Focus

일반동사 현재 시제의 부정문

주어 + do/does not + 동사원형: ~하지 않는다

일반동사 현재 시제의 부정문은 동사원형 앞에 do not[don't]을 넣습니다. 주어가 3인칭 단수일 때는 〈does not[doesn't] + 동사원형〉의 형태로 씁니다.

다음 문장들을 부정문으로 바꿔 쓰세요.

1. [Other creatures do not[don't] have feathers.]
다른 생물들은 깃털이 없습니다.

2. [She does not[doesn't] like Japanese food.]
그녀는 일본 음식을 좋아하지 않습니다.

Summary

주어진 단어를 이용해 빈칸을 채워 본문을 요약하세요.

　　　　작은 / 날다 / 유지하다 / 깃털 / 뼈대

Birds use feathers to fly and to keep themselves warm. Their wings and light skeletons help them fly. Short and small bodies help them fly, too.

새는 날기 위해서, 그리고 스스로를 따뜻하게 <u>유지하기</u> 위해서 깃털을 사용합니다. 새의 날개와 가벼운 <u>뼈대</u>는 새가 나는 것을 도와줍니다. 짧고 <u>작은</u> 몸통 역시 새가 <u>나는</u> 것을 돕습니다.

Workbook 별책 p. 4

A 그림에 알맞은 단어를 골라 쓰세요.

1. hollow　　**2.** wing　　**3.** skeleton

4. fly　　**5.** creature　　**6.** feather

B 그림을 보고 알맞은 단어에 동그라미 하세요.

1. 오직 새만 깃털을 가지고 있습니다.　　　　　[ⓐ]

2. 새는 가벼운 뼈대 때문에 날 수 있습니다.　　　　　[ⓐ]

3. 이 새들은 날개를 가지고 있습니다.　　　　　[ⓑ]

4. 박물관은 공룡 뼈를 전시하는 공간을 가지고 있습니다.
　　　　　[ⓑ]

p.32

| 본문 해석 | **곤충**

곤충은 여섯 개의 다리를 가지고 있습니다. 몸은 세 부분으로 되어 있습니다: 머리, 가슴, 그리고 배입니다.

어떤 곤충은 매우 작고, 또 다른 곤충은 놀라울 정도로 큽니다.

곤충은 해충이 될 수 있지만, 또한 우리에게 대단히 중요하기도 합니다. 사실, 우리는 곤충 없이는 살 수 없었을 것입니다.

예를 들어, 쇠똥구리는 우리를 위해 똥을 깨끗이 치워 줍니다.

| 정답 |

Comprehension Checkup Ⓐ **1.**c **2.**c **3.**b **4.**b Ⓑ **1.**T **2.**T

Vocabulary Focus Ⓐ **1.**d **2.**b **3.**a **4.**c

Ⓑ **1.**abdomen **2.**pests **3.**without **4.**clean

Grammar Focus **1.**to **2.**for **3.**to

Summary six / three / pests / important / without

| 삽화 말풍선 문장 | p.32

① 곤충은 여섯 개의 다리를 가지고 있고 몸은 세 부분으로 되어 있어.

② 사람은 곤충 없이는 살 수 없었을 거야.

| Vocabulary | p.33

· insect 몡 곤충
· thorax 몡 (곤충의) 가슴
· abdomen 몡 (곤충의) 배, 복부
· surprisingly 퇴 놀랍게도
· pest 몡 해충
· important 혱 중요한
· for instance 예를 들어
· dung beetle 쇠똥구리

| Reading Focus | p.33

· 곤충은 크기는 얼마나 다양한가요?
· 곤충은 왜 우리에게 중요한가요?

| 본문 그림 자료 | p.34

· dung beetle 쇠똥구리

Body Parts of a Stag Beetle 사슴벌레의 몸의 부위

· head 머리
· thorax 가슴
· abdomen 배

| 문제 정답 및 해석 | p.35

Comprehension Checkup

Ⓐ 가장 알맞은 답을 고르세요.

1. 본문은 주로 무엇에 관한 글입니까? [c]
   a. 곤충의 크기
   b. 곤충의 종류
   c. 곤충의 중요성

2. 곤충의 몸의 부위는 무엇입니까? [c]
   a. 머리, 꼬리, 그리고 배
   b. 머리, 두 개의 가슴, 그리고 배
   c. 머리, 가슴, 그리고 배

3. 곤충은 얼마나 중요합니까? [b]
   a. 곤충은 우리가 매일 먹는 음식입니다.

b. 우리는 곤충 없이 살 수 없었을 것입니다.

c. 곤충은 해충을 제거합니다.

4. 쇠똥구리는 왜 우리에게 중요합니까?　　　　　　[b]

　　a. 쓰레기를 청소하기 때문에

　　b. 우리를 위해 똥을 청소해 주기 때문에

　　c. 우리가 쓰레기 분리하는 것을 도와주기 때문에

B 맞는 문장은 T를, 맞지 않는 문장은 F를 고르세요.

1. 어떤 곤충은 매우 큽니다.　　　　　　　　　　[T]

2. 곤충은 우리에게 해로울 수 있습니다.　　　　　　[T]

Vocabulary Focus

A 다음 단어를 알맞은 뜻과 연결하세요.

1. (곤충의) 가슴 ---- **d.** 곤충의 머리와 배 사이에 있는 부분

2. (곤충의) 배, 복부 ---- **b.** 곤충 몸의 끝 부분

3. 해충 ---- **a.** 농작물을 해치는 작은 곤충

4. 놀랍게도 ---- **c.** 일반적이지 않게 또는 뜻밖에

B 다음 빈칸에 알맞은 단어를 고르세요.

청소하다 / 배, 복부 / 해충 / ~ 없이

1. 곤충의 몸은 세 부분으로 되어 있습니다: 머리, 가슴, 그리고 배
입니다.　　　　　　　　　　　　　　　　[abdomen]

2. 곤충은 해충이 될 수 있습니다.　　　　　　　[pests]

3. 우리는 곤충 없이 살 수 없습니다.　　　　　[without]

4. 쇠똥구리는 우리를 위해 똥을 청소해 줍니다.　　[clean]

Grammar Focus

전치사 to와 for

to + 명사: (명사)에게/로/에

for + 명사: (명사)를 위해서

전치사 뒤에는 명사가 옵니다. 전치사 to는 주로 '~에게', '~로',

'~에' 등의 의미로 쓰이며, for는 '~을 위해서'라는 의미로 자주 쓰
입니다.

알맞은 단어를 고르세요.

1. 곤충은 해충이 될 수 있지만, 또한 우리에게 매우 중요하기도
합니다.　　　　　　　　　　　　　　　　[to]

2. 쇠똥구리는 우리를 위해서 똥을 깨끗이 치워 줍니다.　[for]

3. 태양은 지구에 가깝습니다.　　　　　　　　[to]

Summary

주어진 단어를 이용해 빈칸을 채워 본문을 요약하세요.

세 개의 / 여섯 개의 / ~ 없이 / 해충 / 중요한

Insects have six legs and three body parts. Insects
can be pests, but they are also very important to us.
In fact, we could not live without them.

곤충은 여섯 개의 다리를 가지고 있으며, 몸은 세 개의 부분으로 되
어 있습니다. 곤충은 해충이 될 수 있지만, 또한 우리에게 매우 중
요합니다. 사실, 우리는 곤충 없이는 살 수 없었을 것입니다.

Workbook 별책 p.5

A 그림에 알맞은 단어를 골라 쓰세요.

1. thorax　　**2.** surprisingly　**3.** dung beetle

4. important　**5.** abdomen　　**6.** pest

B 그림을 보고 알맞은 단어에 동그라미 하세요.

1. 건강한 음식을 먹는 것이 가장 중요합니다.　　　[ⓑ]

2. 많은 스포츠가 있습니다. 예를 들면, 우리는 축구, 야구,
테니스를 즐길 수 있습니다.　　　　　　　　[ⓐ]

3. 쇠똥구리가 똥 한 덩이를 굴리고 있습니다.　　　[ⓐ]

4. 이 작은 곤충을 보세요.　　　　　　　　　　[ⓐ]

p.38

| 본문 해석 | **물고기**

물고기는 바다, 강, 그리고 호수에서 삽니다.

다른 동물과 마찬가지로, 물고기는 살기 위해 산소를 필요로 합니다. 물고기는 아가미를 이용해서 물속에서 숨쉴 수 있습니다. 물고기가 아가미 속으로 물을 들이켜면, 아가미가 그 물에서 산소를 걸러냅니다.

물고기는 헤엄칠 때, 꼬리를 재빨리 움직여 몸통을 앞으로 밀어 냅니다. 물고기의 지느러미는 물고기가 그들의 몸통을 조종하도록 돕습니다.

| 정답 |

Comprehension Checkup Ⓐ **1.** c **2.** a **3.** a **4.** c Ⓑ **1.** F **2.** T

Vocabulary Focus Ⓐ **1.** c **2.** a **3.** d **4.** b

Ⓑ **1.** oxygen **2.** underwater **3.** draw **4.** flick

Grammar Focus **1.** ⓐ **2.** ⓐ **3.** ⓐ

Summary oxygen / breathe / gills / tails / fins

| 삽화 말풍선 문장 | p.38

① 물고기는 바다, 강, 호수에서 발견될 수 있어.

② 물고기는 아가미, 지느러미, 꼬리를 가지고 있어.

| Vocabulary | p.39

· lake 명호수

· oxygen 명산소

· breathe 동숨쉬다

· gill 명아가미

· draw 동들이마시다

· filter 동거르다, 여과하다

· tail 명꼬리

· flick 동재빨리 움직이다

· fin 명지느러미

· steer 동조종하다, 움직이다

| Reading Focus | p.39

· 물고기는 물속에서 어떻게 숨을 쉬나요?

· 물고기는 어떻게 앞으로 이동하나요?

| 본문 그림 자료 | p.40

· butterfly fish 나비고기

· clownfish 흰동가리

· blue tang 블루탱

· eye 눈 · gill 아가미 · scale 비늘

· fin 지느러미 · tail 꼬리

| 문제 정답 및 해석 | p.41

Comprehension Checkup

Ⓐ 가장 알맞은 답을 고르세요.

1. 본문은 주로 무엇에 관한 글입니까? [c]

a. 물고기의 아가미

b. 지느러미로 헤엄치는 것

c. 물고기의 호흡과 움직임

2. 아가미는 물고기를 위해 무엇을 합니까? [a]

a. 아가미는 물에서 산소를 걸러냅니다.

b. 아가미는 몸통을 조종합니다.

c. 아가미는 몸통을 앞쪽으로 밀어 줍니다.

3. 무엇이 물고기가 앞으로 나아가도록 합니까? [a]

    a. 꼬리   **b.** 아가미   **c.** 지느러미

4. 지느러미는 물고기를 위해 무엇을 합니까? [c]

    a. 물고기가 떠 있도록 도와줍니다.

    b. 물고기가 물을 들이켜도록 도와줍니다.

    c. 물고기가 몸통을 조종하도록 돕습니다.

B 맞는 문장은 T를, 맞지 않는 문장은 F를 고르세요.

1. 물고기는 살기 위해 산소를 필요로 하지 않습니다. [F]

2. 물고기는 물속에서 숨쉴 수 있습니다. [T]

Vocabulary Focus

A 다음 단어를 알맞은 뜻과 연결하세요.

1. 숨쉬다 ---- **c.** 공기를 몸속으로 들이켜고, 다시 밖으로 내보내다

2. 꼬리 ---- **a.** 동물 몸의 뒤쪽 끝 부분

3. 거르다 ---- **d.** 원하지 않는 것을 제거하기 위해 장치를 통해 물질을 거르다

4. 조종하다 ---- **b.** 어떤 것이 가는 방향을 통제하다

B 다음 빈칸에 알맞은 단어를 고르세요.

산소 / 들이마시다 / 재빨리 움직이다 / 물속에서

1. 다른 동물과 마찬가지로, 물고기는 살기 위해 산소를 필요로 합니다. [oxygen]

2. 물고기는 아가미를 이용해서 물속에서 호흡할 수 있습니다. [underwater]

3. 물고기가 아가미 속으로 물을 들이마시면, 아가미가 그 물에서 산소를 걸러냅니다. [draw]

4. 물고기는 헤엄칠 때, 꼬리를 재빨리 움직여 몸통을 앞쪽으로 밀어냅니다. [flick]

Grammar Focus

조동사 can

주어 + can + 동사원형: ~할 수 있다, ~일 수 있다

조동사 can은 '~할 수 있다'는 능력이나, '~일 수 있다'는 가능성을 나타냅니다. 조동사는 동사 바로 앞에 쓰며, 이때 동사는 반드시 동사원형을 씁니다.

'can'이 들어가기에 알맞은 곳을 고르세요.

1. 그들은 아가미를 이용해 물속에서 숨쉴 수 있습니다. [@]

2. 곤충은 해충이 될 수 있지만, 그들은 또한 우리에게 매우 중요하기도 합니다. [@]

3. 새는 날개와 매우 가벼운 뼈대를 가지고 있기 때문에 날 수 있습니다. [@]

Summary

주어진 단어를 이용해 빈칸을 채워 본문을 요약하세요.

지느러미 / 산소 / 아가미 / 꼬리 / 숨쉬다

Fish need oxygen to live. They can breathe underwater by using their gills. When fish swim, their tails push their bodies forward. Their fins help them steer their bodies.

물고기는 살기 위해 산소를 필요로 합니다. 물고기는 아가미를 이용해서 물속에서 숨쉴 수 있습니다. 물고기가 헤엄칠 때, 꼬리가 몸통을 앞쪽으로 밀어줍니다. 지느러미는 물고기가 몸통을 조종할 수 있도록 돕습니다.

Workbook
별책 p.6

A 그림에 알맞은 단어를 골라 쓰세요.

1. steer   **2.** tail   **3.** breathe

4. lake   **5.** filter   **6.** gill

B 그림을 보고 알맞은 단어에 동그라미 하세요.

1. 물고기는 아가미를 통해 물속에서 숨쉴 수 있습니다. [ⓑ]

2. 우리는 살기 위해 공기를 필요로 합니다. [@]

3. 그녀는 자전거를 조종하는 방법을 배우고 있습니다. [@]

4. 바람이 나뭇잎을 움직이게 합니다. [@]

The Human Body

p.44

| 본문 해석 | **인체**

몸은 수백 개의 다양한 기관들로 이루어져 있습니다. 그 중 일부는 볼 수 있지만, 더 많은 기관들이 여러분의 몸속에 숨겨져 있습니다. 신체 기관들은 흔히 쌍으로 되어 있습니다. 우리에게는 두 개의 발, 두 개의 눈, 두 개의 폐 등이 있습니다. 이것은 신체 기관이 손상을 입었을 때 여분이 있다는 것을 의미합니다.

| 정답 |

Comprehension Checkup Ⓐ **1.** c **2.** a **3.** c **4.** b Ⓑ **1.** T **2.** T

Vocabulary Focus Ⓐ **1.** d **2.** b **3.** a **4.** c

Ⓑ **1.** different **2.** hidden **3.** two **4.** damaged

Grammar Focus **1.** Your body is made up of hundreds of different parts.

2. This means you have spares if body parts get damaged.

3. One of my fingers is hurt.

Summary body / inside / in pairs / spares / damaged

| 삽화 말풍선 문장 | p.44

① 신체 기관은 흔히 쌍으로 되어 있어.

② 우리 몸은 다양한 기관으로 이루어져 있어.

| **Vocabulary** | p.45

- different ⑱ 다른, 다양한
- hidden ⑱ 숨겨진
- inside ⑲ ~의 안에
- in pairs 쌍으로, 짝을 지어
- spare ⑲ 여분, 예비품
- damaged ⑱ 손상된, 손상을 입은

| **Reading Focus** | p.45

- 어떤 신체 기관이 쌍으로 되어 있나요?
- 신체 기관은 왜 흔히 쌍으로 되어 있을까요?

| 본문 그림 자료 | p.46

Body Parts Hidden Inside 몸속에 숨겨져 있는 기관

- lung 폐
- liver 간
- intestine 장

| 문제 정답 및 해석 | p.47

Comprehension Checkup

Ⓐ 가장 알맞은 답을 고르세요.

1. 본문은 주로 무엇에 관한 글입니까? [c]

a. 신체 기관의 명칭

b. 우리가 볼 수 없는 신체 기관

c. 신체 기관과 그것들의 짝

2. 몇 개의 신체 기관이 몸속에 숨겨져 있습니까? [a]

a. 볼 수 있는 기관보다 더 많이

b. 10개보다 더 적게

c. 볼 수 있는 기관보다 더 적게

3. 신체 기관은 왜 자주 쌍으로 되어 있습니까? [c]

a. 외모를 위해

b. 과시하기 위해

c. 여분을 위해

4. 만약 폐 하나가 손상된다면, 무슨 일이 일어납니까?   [b]
　　a. 숨을 쉴 수 없습니다.
　　b. 나머지 폐 하나가 여전히 제 기능을 합니다.
　　c. 발과 눈이 손상된 폐의 역할을 합니다.

Ⓑ 맞는 문장은 T를, 맞지 않는 문장은 F를 고르세요.

1. 사람의 몸에는 수백 개의 다양한 기관이 있습니다.   [T]
2. 신체의 많은 기관들이 몸속에 숨겨져 있습니다.   [T]

Vocabulary Focus

Ⓐ 다음 단어를 알맞은 뜻과 연결하세요.

1. 쌍으로 ---- **d.** 두 개씩 짝을 지은
2. 숨겨진 ---- **b.** 보거나 찾기 어려운
3. 여분 ---- **a.** 추가적인 것
4. 손상된 ---- **c.** 해를 입거나 부상을 입은

Ⓑ 다음 빈칸에 알맞은 단어를 고르세요.

두 개의 / 숨겨진 / 손상된 / 다양한

1. 사람의 몸은 수백 개의 <u>다양한</u> 기관들로 구성됩니다.
　　　　　　　　　　　　　　　　　　　　　[different]
2. 여러분의 몸속에 많은 신체 기관이 숨겨져 있습니다. [hidden]
3. 여러분은 두 개의 눈, <u>두 개의</u> 폐 등을 가지고 있습니다. [two]
4. 신체 기관이 <u>손상되어도</u>, 여분이 있습니다.   [damaged]

Grammar Focus

주어가 3인칭 단수일 때 현재 시제 동사의 형태

3인칭 단수 주어 + is
3인칭 단수 주어 + [동사원형 + -(e)s]

현재 시제의 문장에서 주어가 3인칭 단수일 때 be동사는 is를 씁니다. 일반동사가 쓰일 때는 〈동사원형 + -(e)s〉의 형태로 씁니다.

밑줄 친 단어를 바르게 고친 다음 문장을 다시 쓰세요.

1. [Your body is made up of hundreds of different parts.]
우리 몸은 수백 개의 다양한 기관들로 이루어져 있습니다.
2. [This means you have spares if body parts get damaged.] 이것은 신체 기관이 손상을 입었을 때 여분이 있다는 것을 의미합니다.
3. [One of my fingers is hurt.]
내 손가락 하나가 아픕니다.

Summary

주어진 단어를 이용해 빈칸을 채워 본문을 요약하세요.

쌍으로 / 몸 / 손상된 / 여분 / ~ 안에

Your body is made up of hundreds of parts. Many of them are hidden inside you. Body parts often come in pairs. This means you have spares if some body parts become damaged.

여러분의 몸은 수백 개의 기관으로 이루어져 있습니다. 그들 중 대부분이 여러분의 몸속에 숨겨져 있습니다. 신체 기관은 흔히 쌍으로 되어 있습니다. 이것은 어떤 신체 기관이 손상을 입었을 때 여분이 있다는 것을 의미합니다.

Workbook   별책 p. 7

Ⓐ 그림에 알맞은 단어를 골라 쓰세요.

1. spare   **2.** different   **3.** hidden
4. in pairs   **5.** inside   **6.** damaged

Ⓑ 그림을 보고 알맞은 단어에 동그라미 하세요.

1. 다른 모양의 블록들이 있습니다.   [ⓐ]
2. 그들은 짝을 지어 춤추고 있습니다.   [ⓑ]
3. 오븐 안에 쿠키가 있습니다.   [ⓑ]
4. 그녀는 숨겨진 폭포를 찾았습니다.   [ⓐ]

Review Test

| 정답 |

Review Vocabulary Test

A 1. whole / 전체의   2. skeleton / 뼈대   3. hidden / 숨겨진   4. give off / 내다, 발산하다

B 1. light   2. abdomen   3. filter   4. damaged

C 1. bright   2. spare   3. steer   4. reflect   5. pest   6. creature   7. tail

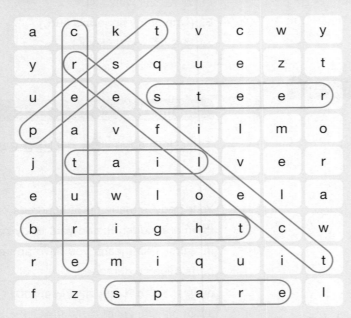

Review Grammar Test

A 1. The   2. because   3. to   4. doesn't

B 1. The sun doesn't look like the stars.

2. You can see some body parts.

3. The moon goes around Earth.

Review Vocabulary Test

A 알맞은 단어와 우리말 뜻을 쓰세요.

1. 어떤 것의 모든   [whole / 전체의]
2. 사람이나 동물 안에 있는 모든 뼈   [skeleton / 뼈대]
3. 보거나 찾기 어려운   [hidden / 숨겨진]
4. 열, 빛, 냄새 등을 생산하다   [give off / 내다, 발산하다]

B 다음 빈칸에 알맞은 단어를 고르세요.

거르다 / 빛 / 손상된 / 배, 복부

1. 달은 빛을 내지 않습니다.   [light]
2. 곤충의 몸은 세 부분으로 되어 있습니다: 머리, 가슴, 그리고 배
입니다.   [abdomen]
3. 물고기가 아가미 속으로 물을 들이켜면, 아가미가 그 물에서
산소를 걸러냅니다.   [filter]
4. 신체 기관이 손상되어도, 여분이 있습니다.
[damaged]

C 빈칸에 알맞은 단어를 쓰세요. 그 다음, 퍼즐에서 그 단어들을
찾아 동그라미 하세요.

1. 강렬하게 빛나는   [bright]
2. 추가적인 것   [spare]
3. 어떤 것이 가는 방향을 통제하다   [steer]
4. 빛이나 소리를 되돌리다   [reflect]
5. 농작물을 해치는 작은 곤충   [pest]
6. 식물을 제외한 모든 생명체   [creature]
7. 동물 몸의 뒤쪽 끝 부분   [tail]

Review Grammar Test

A 알맞은 단어를 고르세요.

1. 달은 태양에 의해 빛이 비춰집니다.   [The]
2. 많은 뼈가 속이 비어 있기 때문에 새는 가볍습니다.
[because]
3. 태양은 지구에 가깝습니다.   [to]
4. 그녀는 일본 음식을 좋아하지 않습니다.   [doesn't]

B 밑줄 친 단어를 바르게 고친 다음 문장을 다시 쓰세요.

1. [The sun doesn't look like the stars.]
태양은 별처럼 보이지 않습니다.
2. [You can see some body parts.]
여러분은 일부 신체 기관을 볼 수 있습니다.
3. [The moon goes around Earth.]
달은 지구 주위를 돕니다.

p.54

| 본문 해석 | **상품**

상품은 사람들이 판매하기 위해 만들거나 재배하는 것들입니다. 농장에서 재배된 식량도 상품의 한 종류입니다.

어떤 식품은 농장에서 나옵니다. 상품은 또한 공장으로 불리는 건물에서 만들어지기도 합니다.

대부분의 사람들은 자신이 사용하는 모든 상품을 만들거나 재배할 수 없습니다. 대신에, 그들은 돈을 사용해 가게에서 상품을 구입합니다.

| 정답 |

Comprehension Checkup Ⓐ **1.** b **2.** c **3.** c **4.** c Ⓑ **1.** T **2.** T

Vocabulary Focus Ⓐ **1.** a **2.** c **3.** d **4.** b

Ⓑ **1.** grow **2.** farms **3.** made **4.** stores

Grammar Focus **1.** Most people cannot make or grow all the goods they use.

2. Sometimes, we cannot see the whole moon.

Summary make / farms / factories / money / goods

| 삽화 말풍선 문장 | p.54

① 과일은 상품이야.

② 우리는 돈으로 상품을 구입할 수 있어.

| Vocabulary | p.55

• goods 명 상품, 물건
• grow 통 재배하다
• farm 명 농장
• kind 명 종류
• building 명 건물
• factory 명 공장
• instead 부 대신에
• store 명 가게

| Reading Focus | p.55

• 상품이란 무엇인가요?
• 상품은 어디에서 나오나요?

| 본문 그림 자료 | p.56

Growing or Making Goods 상품의 재배 또는 제조

• growing fruits on a farm 농장에서의 과일 재배

• making cars in a factory 공장에서의 자동차 생산

Selling or Buying Goods 상품의 판매 또는 구매

• selling fruits in a grocery 식료품점의 과일 판매
• selling and buying cars 자동차의 판매와 구매

| 문제 정답 및 해석 | p.57

Comprehension Checkup

Ⓐ **가장 알맞은 답을 고르세요.**

1. 본문은 주로 무엇에 관한 글입니까? [b]

a. 유용한 상품

b. 상품에 관한 사실

c. 상품을 구할 수 있는 곳

2. 상품은 어디에서 나옵니까? [c]

a. 농장에서만

b. 공장에서만

c. 농장과 공장에서

3. 대부분의 사람들은 어떻게 상품을 구합니까? [c]

a. 그들은 직접 상품을 재배합니다.

b. 그들은 공장에서 상품을 만들어 냅니다.

c. 그들은 가게에서 상품을 구입합니다.

4. 본문에서 무엇을 추론할 수 있습니까?   [c]

a. 가게의 상품은 많은 비용이 듭니다.

b. 농장에서 재배된 식량은 공장으로 이동해야 합니다.

c. 사람들은 상품을 만들고 재배하는 일에 대한 값을 지불합니다.

B 맞는 문장은 T를, 맞지 않는 문장은 F를 고르세요.

1. 사람들은 상품을 재배하거나 만듭니다.   [T]

2. 상품은 공장에서 만들어질 수 있습니다.   [T]

Vocabulary Focus

A 다음 단어를 알맞은 뜻과 연결하세요.

1. 재배하다 ---- **a.** 무언가를 심고 돌보다

2. 종류 ---- **c.** 어떤 것의 무리

3. 공장 ---- **d.** 상품이 만들어지는 건물

4. 건물 ---- **b.** 지붕과 벽이 있는 장소

B 다음 빈칸에 알맞은 단어를 고르세요.

가게 / 재배하다 / 농장 / 만들어진

1. 상품은 사람들이 판매하기 위해 만들거나 재배하는 것입니다.   [grow]

2. 어떤 식품은 농장에서 나옵니다.   [farms]

3. 상품은 공장이라고 하는 건물에서도 만들어집니다.   [made]

4. 대부분의 사람들은 가게에서 상품을 구입하기 위해 돈을 사용합니다.   [stores]

Grammar Focus

조동사 can의 부정문

주어 + cannot[can't] + 동사원형: ~할 수 없다

'~할 수 없다'는 부정의 의미를 나타낼 때는 조동사 can 뒤에 not을 넣으면 됩니다. cannot은 can't로 줄여 쓸 수 있습니다.

다음 문장들을 부정문으로 바꿔 쓰세요.

1. [Most people cannot make or grow all the goods they use.] 대부분의 사람들은 자신이 사용하는 모든 상품을 만들거나 재배할 수 없습니다.

2. [Sometimes, we cannot see the whole moon.] 때때로, 우리는 달 전체를 볼 수 없습니다.

Summary

주어진 단어를 이용해 빈칸을 채워 본문을 요약하세요.

상품 / 농장 / 돈 / 공장 / 만들다

Goods are items that people grow or make to be sold. Goods come from farms and are made in factories. Most people use money to buy goods from stores.

상품은 사람들이 판매하기 위해 재배하거나 만드는 물품입니다. 상품은 농장으로부터 나오고 공장에서 만들어집니다. 대부분의 사람들은 가게에서 상품을 구입하기 위해 돈을 사용합니다.

Workbook   별책 p. 8

A 그림에 알맞은 단어를 골라 쓰세요.

1. store   **2.** grow   **3.** farm

4. factory   **5.** kind   **6.** building

B 그림을 보고 알맞은 단어에 동그라미 하세요.

1. 가격이 상품에 표시되어 있습니다.   [ⓑ]

2. 이 도시에는 높은 빌딩이 많습니다.   [ⓐ]

3. 그녀는 식물을 재배합니다.   [ⓑ]

4. 그는 푸짐한 식사 대신 수프를 먹고 있습니다.   [ⓐ]

p.60

| 본문 해석 | **도구**

도구는 일을 더 쉽게 만들어 주는 것들입니다.

도구는 여러 해에 걸쳐 변해 왔습니다. 오래 전에, 농부들은 말과 쟁기를 이용해 농작물을 심었습니다.

오늘날에는, 농부들이 새로운 도구와 현대적인 기계를 사용합니다. 농부들은 그것들을 가지고 더 많은 일을 할 수 있습니다.

컴퓨터는 오늘날의 컴퓨터보다 더 크고 단순했습니다. 컴퓨터는 사람들이 일을 더 빨리, 더 많이 할 수 있도록 도와줍니다.

| 정답 |

Comprehension Checkup Ⓐ **1.** a **2.** b **3.** b **4.** c Ⓑ **1.** T **2.** F

Vocabulary Focus Ⓐ **1.** c **2.** a **3.** d **4.** b

Ⓑ **1.** easier **2.** changed **3.** crops **4.** simpler

Grammar Focus **1.** Tools are things that make tasks easier.

2. Computers used to be bigger and simpler than they are today.

3. They help people work faster and do more work.

Summary tasks / years / machines / faster / more

| 삽화 말풍선 문장 | p.60

① 도구는 일을 더 쉽게 만들어 주는 것이야.

② 도구는 여러 해에 걸쳐 변해 왔어.

| Vocabulary | p.61

- tool 몡 도구
- task 몡 일, 과업
- change 동 변하다
- farmer 몡 농부
- plow 몡 쟁기
- plant 동 심다
- crop 몡 농작물
- simple 형 간단한, 단순한
- fast 부 빠르게

| Reading Focus | p.61

- 농기구는 어떻게 변화해 왔나요?
- 컴퓨터는 어떻게 사람들을 돕나요?

| 본문 그림 자료 | p.62

Tools from the Past That Are Still Used
여전히 사용되는 과거의 도구들

- shovel & pitchfork 삽과 쇠스랑
- desktop computer 데스크톱 컴퓨터

Tools That Have Changed 변한 도구들

- tractor 트랙터
- laptop 노트북

| 문제 정답 및 해석 | p.63

Comprehension Checkup

Ⓐ **가장 알맞은 답을 고르세요.**

1. 본문은 주로 무엇에 관한 글입니까? [a]
  a. 더 좋아지고 있는 도구들
  b. 더 커지고 있는 도구들
  c. 일을 만들고 있는 도구들

2. 농부는 새로운 도구들로 무엇을 할 수 있습니까? [b]
  a. 말을 잘 이용할 수 있습니다.
  b. 더 많은 일을 할 수 있습니다.
  c. 데스크톱 컴퓨터를 사용할 수 있습니다.

3. 본문에 따르면, 오늘날 컴퓨터는 사람들을 어떻게 돕습니까? [b]
  a. 사람들이 변하도록 돕습니다.
  b. 사람들이 더 빨리 더 많은 일을 하도록 돕습니다.

c. 사람들이 평소보다 더 오래 잠을 자도록 돕습니다.

4. 본문을 통해 컴퓨터에 대해 무엇을 추론할 수 있습니까? [c]

a. 컴퓨터는 더 느려졌습니다.

b. 컴퓨터는 더 커졌습니다.

c. 컴퓨터는 더 복잡한 작업을 할 수 있게 되었습니다.

B 맞는 문장은 T를, 맞지 않는 문장은 F를 고르세요.

1. 사람들은 일은 더 쉽게 만들기 위해 도구를 사용합니다. [T]

2. 오래 전에, 농부는 노트북을 이용했습니다. [F]

Vocabulary Focus

A 다음 단어를 알맞은 뜻과 연결하세요.

1. 쟁기 ---- **c.** 땅을 파는 도구

2. 농부 ---- **a.** 농장에서 일하는 사람

3. 심다 ---- **d.** 씨앗이 자라도록 흙 안에 넣다

4. 빠르게 ---- **b.** 신속하게 또는 급하게

B 다음 빈칸에 알맞은 단어를 고르세요.

변화된 / 농작물 / 더 쉽게 / 더 단순한

1. 도구는 일을 더 쉽게 만들어 주는 것입니다. [easier]

2. 도구는 여러 해에 걸쳐서 변해 왔습니다. [changed]

3. 오래 전에, 농부는 농작물을 심기 위해 말과 쟁기를 사용했습니다. [crops]

4. 컴퓨터는 오늘날 보다 더 크고 더 단순했습니다. [simpler]

Grammar Focus

비교급

두 개를 비교하여 말할 때는 비교급을 씁니다. 비교급을 만드는 방법은 다음과 같습니다.

* 대부분의 형용사나 부사 + -(e)r:

fast – faster / simple – simpler

* -y로 끝나는 단어는 y를 i로 바꾸고 + -er: easy – easier

* [단모음 + 단자음]의 단어는 마지막 자음을 한 번 더 쓰고 + -er:

big – bigger

밑줄 친 단어를 바르게 고친 다음 문장을 다시 쓰세요.

1. [Tools are things that make tasks easier.] 도구는 일을 더 쉽게 만들어 주는 것들입니다.

2. [Computers used to be bigger and simpler than they are today.] 컴퓨터는 오늘날의 컴퓨터보다 더 크고 더 단순했습니다.

3. [They help people work faster and do more work.] 그것들은 사람들이 일을 더 빠르게 더 많이 할 수 있도록 도와줍니다.

Summary

주어진 단어를 이용해 빈칸을 채워 본문을 요약하세요.

더 빠르게 / 기계 / 여러 해 / 더 많은 / 일

Tools are things that make tasks easier. They have changed over the years. Farmers use modern machines to do more work. Computers also help people work faster and do more work.

도구는 일을 더 쉽게 만들어 주는 것입니다. 도구는 여러 해에 걸쳐서 변해 왔습니다. 농부들은 더 많이 일하기 위해 현대적인 기계를 사용합니다. 컴퓨터 또한 사람들이 더 빠르게 일하고 더 많은 일을 하도록 돕습니다.

Workbook 별책 p.9

A 그림에 알맞은 단어를 골라 쓰세요.

1. plow **2.** farmer **3.** plant

4. fast **5.** change **6.** task

B 그림을 보고 알맞은 단어에 동그라미 하세요.

1. 날씨는 변합니다. [ⓐ]

2. 많은 종류의 도구가 있습니다. [ⓐ]

3. 쌀은 중요한 농작물입니다. [ⓑ]

4. 이것은 간단한 미로입니다. [ⓑ]

p.66

| 본문 해석 | **아시아**

아시아는 지구상에서 가장 큰 대륙입니다. 아시아는 세계 육지의 약 30%에 걸쳐 있습니다.

아시아는 거대한 텅 빈 사막들, 세계에서 가장 높은 산과 가장 긴 강들 중의 일부를 포함합니다.

아시아는 지중해, 흑해, 북극해, 태평양, 그리고 인도양에 둘러싸여 있습니다.

| 정답 |

Comprehension Checkup　Ⓐ **1.** a　**2.** c　**3.** b　**4.** a　Ⓑ **1.** T　**2.** F

Vocabulary Focus　Ⓐ **1.** d　**2.** a　**3.** b　**4.** c

　　　　　　　　　　　Ⓑ **1.** continent　**2.** covers　**3.** deserts　**4.** surrounded

Grammar Focus　　**1.** Asia is the largest continent on Earth.

　　　　　　　　　　2. Asia contains some of the world's highest mountains.

Summary　　　　largest / contains / highest / longest / surrounded

---

| 삽화 말풍선 문장 | p.66

① 아시아는 지구상에서 가장 큰 대륙이야.

② 아시아는 세계 육지의 약 30%를 차지하고 있어.

| Vocabulary | p.67

• continent 몡 대륙
• cover 통 걸쳐 있다, 걸치다
• contain 통 포함하다
• empty 혱 비어 있는
• desert 몡 사막
• mountain 몡 산
• surround 통 둘러싸다, 에워싸다

| Reading Focus | p.67

• 아시아는 얼마나 큰가요?
• 어느 바다와 대양이 아시아를 둘러싸고 있나요?

| 문제 정답 및 해석 | p.69

Comprehension Checkup

Ⓐ **가장 알맞은 답을 고르세요.**

1. 본문은 주로 무엇에 관한 글입니까?　　　　　　　　[a]

　a. 아시아의 몇몇 특징

　b. 아시아의 산과 강

　c. 아시아 주변의 바다와 대양

2. 아시아에 있지 않은 것은 무엇입니까?

　a. 텅 빈 사막　　　　　　　　　　　　　　　　[c]

　b. 세계에서 가장 높은 몇몇 산

　c. 흑해

3. 아시아를 둘러싸고 있지 않은 것은 무엇입니까?　　[b]

　a. 지중해

　b. 세계에서 가장 긴 강

　c. 태평양

4. 본문에서 무엇을 추론할 수 있습니까?　　　　　　[a]

　a. 아시아는 바다와 대양을 통해 다양한 대륙에 도달할 수 있습니다.

b. 아시아는 바다와 대양에서 많은 전쟁을 경험했습니다.

c. 대부분의 아시아 사람은 바다에서 일하며 돈을 벌어 왔습니다.

B 맞는 문장은 T를, 맞지 않는 문장은 F를 고르세요.

1. 아시아는 지구상의 어떤 대륙보다 더 큽니다. [T]
2. 아시아는 지구의 약 30%를 차지합니다. [F]

Vocabulary Focus

A 다음 단어를 알맞은 뜻과 연결하세요.

1. 포함하다 ---- d. 무엇을 안에 가지고 있다
2. 걸쳐 있다 ---- a. 펼쳐지다
3. 비어 있는 ---- b. 안에 아무(것)도 없는
4. 둘러싸다 ---- c. 어떤 것 또는 어떤 사람의 사방을 에워싸다

B 다음 빈칸에 알맞은 단어를 고르세요.

사막 / 둘러싸인 / 대륙 / 걸쳐 있다

1. 아시아는 지구상에서 가장 큰 대륙입니다. [continent]
2. 아시아는 세계 육지의 약 30%에 걸쳐 있습니다. [covers]
3. 아시아는 거대하고 텅 빈 사막을 포함합니다. [deserts]
4. 아시아는 바다와 대양에 둘러싸여 있습니다. [surrounded]

Grammar Focus

형용사의 최상급

the + [형용사 + -(e)st]: 가장 ~한

최상급은 세 개 이상의 사람 또는 사물을 비교하여 '가장 ~한'을 나타낼 때 사용합니다. 최상급은 형용사의 뒤에 -(e)st를 붙이며, 최상급 앞에는 항상 the를 써 줍니다.

보기와 같이 밑줄 친 단어를 바르게 고쳐 쓰세요.

(예) 그녀는 반에서 키가 크다.

⋯➡ 그녀는 반에서 가장 키가 크다.

1. [Asia is the largest continent on Earth.]
아시아는 지구상에서 가장 큰 대륙입니다.
2. [Asia contains some of the world's highest mountains.]
아시아는 세계에서 가장 높은 산들 중 일부를 포함합니다.

Summary

주어진 단어를 이용해 빈칸을 채워 본문을 요약하세요.

포함하다 / 가장 긴 / 가장 큰 / 가장 높은 / 둘러싸인

Asia is the largest continent on Earth. Asia contains deserts, some of the highest mountains, and the longest rivers. Asia is surrounded by seas and oceans.
아시아는 지구상에서 가장 큰 대륙입니다. 아시아는 사막, 가장 높은 산과 가장 긴 강 중 일부를 포함하고 있습니다. 아시아는 바다와 대양에 둘러싸여 있습니다.

Workbook 별책 p.10

A 그림에 알맞은 단어를 골라 쓰세요.

1. cover
2. mountain
3. desert
4. empty
5. continent
6. surround

B 그림을 보고 알맞은 단어에 동그라미 하세요.

1. 도넛은 많은 설탕을 포함하고 있습니다. [ⓑ]
2. 사막에서 자동차를 운전하는 것은 위험할 수 있습니다. [ⓑ]
3. 산이 눈으로 덮여 있습니다. [ⓑ]
4. 새가 꽃으로 둘러싸여 있습니다. [ⓐ]

p.72

| 본문 해석 | **유럽**

유럽은 아시아의 이웃입니다. 유럽은 아시아의 북서부에 맞닿아 있고 서쪽으로 대서양까지 뻗어 있습니다. 우랄 산맥이 유럽을 아시아로부터 갈라놓고 있습니다.

유럽에는 많은 산맥들이 있습니다. 알프스 산맥 같은 산맥들은 정상이 아주 높습니다. 우랄 산맥 같은 산맥들은 훨씬 더 낮습니다.

유럽 북부에는 추운 겨울이 있고 남부에는 더운 여름이 있습니다.

| 정답 |

Comprehension Checkup Ⓐ **1.** b **2.** c **3.** a **4.** c Ⓑ **1.** T **2.** T

Vocabulary Focus Ⓐ **1.** b **2.** d **3.** a **4.** c

Ⓑ **1.** neighbor **2.** touches **3.** stretches **4.** north

Grammar Focus **1.** ⓒ **2.** ⓒ **3.** ⓓ

Summary neighbor / divide / mountain / cold / south

| 삽화 말풍선 문장 | p.72

① 유럽은 작은 대륙이지만 많은 국가들이 있어.

② 우랄 산맥은 유럽을 아시아로부터 갈라놓고 있어.

| Vocabulary | p.73

• neighbor 몡 이웃
• touch 통 닿다, 접촉하다
• northwestern 혱 북서부의
• stretch 통 뻗어있다
• divide 통 나누다, 갈라놓다
• mountain chain 산맥
• peak 몡 산봉우리, 산 정상
• north 몡 북쪽
• south 몡 남쪽

| Reading Focus | p.73

• 유럽에는 어떤 산맥들이 있나요?
• 유럽의 날씨는 어떤가요?

| 본문 그림 자료 | p.74

• Europe 유럽   • the Alps 알프스 산맥

| 문제 정답 및 해석 | p.75

Comprehension Checkup

Ⓐ 가장 알맞은 답을 고르세요.

1. 본문은 주로 무엇에 관한 글입니까?   [b]
   a. 아시아 속의 유럽
   b. 유럽의 위치와 날씨
   c. 유럽의 산

2. 유럽은 아시아의 어느 부분과 맞닿아 있습니까?   [c]
   a. 아시아의 남부
   b. 아시아의 동부
   c. 아시아의 북서부

3. 우랄 산맥에 관해 사실인 것은 무엇입니까?   [a]
   a. 유럽을 아시아로부터 갈라놓습니다.
   b. 알프스 산맥보다 훨씬 높습니다.
   c. 서쪽으로 대서양까지 뻗어 있습니다.

4. 유럽 북부의 날씨는 어떻습니까?   [c]
   a. 더운 여름이 있습니다.

b. 봄만 있습니다.

c. 추운 겨울이 있습니다.

B 맞는 문장은 T를, 맞지 않는 문장은 F를 고르세요.

1. 유럽은 아시아와 가깝습니다. [T]

2. 유럽에는 많은 산맥이 있습니다. [T]

Vocabulary Focus

A 다음 단어를 알맞은 뜻과 연결하세요.

1. 이웃 ---- **b.** 다른 사물이나 사람 옆에 있는 무엇 또는 누군가

2. 나누다 ---- **d.** 무엇을 부분 혹은 그룹으로 분리하다

3. 산 정상 ---- **a.** 산의 뾰족한 꼭대기

4. 산맥 ---- **c.** 선을 형성하면서 서로 연결된 산들

B 다음 빈칸에 알맞은 단어를 고르세요.

북쪽 / 뻗어 있다 / 이웃 / 닿아 있다

1. 유럽은 아시아의 이웃입니다. [neighbor]

2. 유럽은 아시아의 북서부와 맞닿아 있습니다. [touches]

3. 유럽은 서쪽으로 대서양까지 뻗어 있습니다. [stretches]

4. 유럽의 북쪽에는 추운 겨울이 있습니다. [north]

Grammar Focus

접속사 and

접속사 and는 '그리고'의 의미로 쓰입니다. and는 두 개 이상의 단어, 구, 문장을 연결할 때 사용합니다. and로 두 개의 문장을 연결할 때, 두 문장에 똑같은 부분이 있으면 생략할 수 있습니다.

'and'가 들어갈 곳을 고르세요.

1. 유럽은 아시아의 북서부에 맞닿아 있고 서쪽으로 대서양까지 뻗어 있습니다. [ⓒ]

2. 유럽의 북부에는 추운 겨울이 있고 남부에는 더운 여름이 있습니다. [ⓒ]

3. 오래 전에, 농부들은 농작물을 심기 위해 말과 쟁기를 이용했습니다. [ⓓ]

Summary

주어진 단어를 이용해 빈칸을 채워 본문을 요약하세요.

산 / 이웃 / 추운 / 갈라놓다 / 남쪽

Europe is Asia's neighbor. The Ural Mountains divide Europe from Asia. Europe is known for its various mountain chains, such as the Alps and the Urals. It is cold in the north, and hot in the south.

유럽은 아시아의 이웃입니다. 우랄 산맥은 유럽을 아시아로부터 갈라놓습니다. 유럽은 알프스 산맥과 우랄 산맥을 비롯한 다양한 산맥으로 알려져 있습니다. 유럽 북부는 춥고, 남쪽은 덥습니다.

Workbook

별책 p. 11

A 그림에 알맞은 단어를 골라 쓰세요.

1. neighbor **2.** peak **3.** south

4. divide **5.** mountain chain **6.** touch

B 그림을 보고 알맞은 단어에 동그라미 하세요.

1. 나침반 바늘이 북쪽을 가리키고 있습니다. [ⓐ]

2. 유럽은 아시아의 북서부와 맞닿아 있습니다. [ⓑ]

3. 해변은 수 마일에 걸쳐 뻗어 있습니다. [ⓑ]

4. 이 산맥을 보세요. [ⓐ]

p.78

| 본문 해석 | **아프리카**

아프리카는 두 번째로 큰 대륙입니다.

북아프리카는 덥고 건조한 사막입니다. 사막에는 비가 거의 내리지 않습니다. 북아프리카 사막은 세계에서 가장 큽니다.

그것은 사하라 사막이라 불립니다.

아프리카 중부는 덥지만, 풀과 나무에 물을 주는 많은 비가 내리기 때문에 식물이 잘 자랍니다.

| 정답 |

Comprehension Checkup Ⓐ **1.** a **2.** c **3.** a **4.** a Ⓑ **1.** F **2.** T

Vocabulary Focus Ⓐ **1.** c **2.** d **3.** a **4.** b

Ⓑ **1.** second **2.** dry **3.** rain **4.** heavy

Grammar Focus **1.** little **2.** little **3.** few

Summary continent / hot / called / heavy / water

| 삽화 말풍선 문장 | p.78

① 아프리카 중부에는 많은 비가 내려.

② 사하라 사막은 세계에서 가장 큰 사막이야.

| Vocabulary | p.79

- largest 톙 가장 큰
- northern 톙 북부의
- dry 톙 건조한
- central 톙 중앙의
- heavy 톙 (양 등이) 많은
- water 통 물을 주다

| Reading Focus | p.79

- 사막에는 얼마나 많은 비가 내리나요?
- 아프리카 중부의 풀과 나무는 왜 잘 자라나요?

| 문제 정답 및 해석 | p.81

Comprehension Checkup

Ⓐ **가장 알맞은 답을 고르세요.**

1. 본문은 주로 무엇에 관한 글입니까? [a]
  a. 아프리카와 비
  b. 사하라 사막
  c. 많은 비

2. 사막은 무엇입니까? [c]
  a. 풀과 나무에 물을 주는 곳
  b. 중력이 없는 곳
  c. 비가 거의 내리지 않는 곳

3. 북아프리카의 날씨는 어떻습니까? [a]
  a. 덥고 건조합니다.
  b. 춥습니다.
  c. 비가 옵니다.

4. 무엇이 아프리카 중부의 풀과 나무를 잘 자라게 합니까? [a]
  a. 많은 비

b. 넓은 농지

c. 양질의 토양

B 맞는 문장은 T를, 맞지 않는 문장은 F를 고르세요.

1. 아프리카는 세계에서 두 번째로 큰 사막입니다. [F]

2. 아프리카 중부에는 많은 양의 비가 내립니다. [T]

Vocabulary Focus

A 다음 단어를 알맞은 뜻과 연결하세요.

1. 건조한 ---- **c.** 비가 오지 않는

2. 물을 주다 ---- **d.** 식물에 물을 붓다

3. 중앙의 ---- **a.** 한 지역의 가운데에 있는

4. (양 등이) 많은 ---- **b.** 양 또는 정도가 큰

B 다음 빈칸에 알맞은 단어를 고르세요.

> (양 등이) 많은 / 비 / 두 번째의 / 건조한

1. 아프리카는 두 번째로 큰 대륙입니다. [second]

2. 북아프리카는 덥고 건조한 사막입니다. [dry]

3. 사막에는 비가 거의 내리지 않습니다. [rain]

4. 그곳에는 많은 비가 내리기 때문에 풀과 나무가 잘 자랍니다.

[heavy]

Grammar Focus

little과 few

little + 셀 수 없는 명사: 거의 없는

few + 셀 수 있는 명사: 거의 없는

little과 few는 모두 '거의 없는'이라는 의미로 쓰입니다. 하지만, little은 셀 수 없는 명사 앞에 사용하고, 셀 수 있는 명사 앞에는 few를 사용합니다.

알맞은 단어를 고르세요.

1. 사막에는 비가 거의 내리지 않습니다. [little]

2. 나는 돈이 거의 없습니다. [little]

3. 테이블 위에 컵이 거의 없습니다. [few]

Summary

주어진 단어를 이용해 빈칸을 채워 본문을 요약하세요.

> ~라 불리는 / 대륙 / (양 등이) 많은 / 물을 주다
> / 더운

Africa is the second-largest continent. Northern Africa is a hot and dry desert called the Sahara. The central part of Africa has heavy rains that water plants and trees.

아프리카는 두 번째로 큰 대륙입니다. 북아프리카는 사하라 사막이라고 불리는 덥고 건조한 사막입니다. 아프리카 중부에는 풀과 나무에 물을 주는 많은 비가 내립니다.

Workbook 별책 p.12

A 그림에 알맞은 단어를 골라 쓰세요.

1. heavy **2.** water **3.** northern

4. dry **5.** central **6.** largest

B 그림을 보고 알맞은 단어에 동그라미 하세요.

1. 그는 식물에 물을 주고 있습니다. [ⓑ]

2. 에어컨은 방을 건조하게 만듭니다. [ⓑ]

3. 타조는 세계에서 가장 큰 새입니다. [ⓑ]

4. 도시의 중심부에는 사람과 자동차가 많습니다. [ⓐ]

p.84

| 본문 해석 | **북아메리카**

북아메리카는 세 번째로 큰 대륙입니다.

캐나다가 북아메리카에서 가장 큰 국가입니다. 캐나다는 미국의 북부 국경에서부터 세계의 거의 맨 윗부분까지 펼쳐집니다.

미국은 북아메리카의 중심부에 있습니다. 서쪽으로는 태평양이 있고, 동쪽으로는 대서양이 있습니다.

| 정답 |

Comprehension Checkup Ⓐ **1.** c **2.** a **3.** b **4.** b Ⓑ **1.** T **2.** F

Vocabulary Focus Ⓐ **1.** b **2.** c **3.** a **4.** d

Ⓑ **1.** country **2.** reaches **3.** central **4.** east

Grammar Focus **1.** third **2.** second **3.** first

Summary third / continent / largest / central / North

| 삽화 말풍선 문장 | p.84

① 북아메리카는 세 번째로 큰 대륙이야.

② 자유의 여신상은 미국에 있어.

| Vocabulary | p.85

• reach 동 이르다, 달하다

• border 명 국경

• the United States 미국

• almost 부 거의

• part 명 부분

• west 명 서쪽

• east 명 동쪽

| Reading Focus | p.85

• 캐나다는 어디에 위치해 있나요?

• 미국은 어디에 위치해 있나요?

| 본문 그림 자료 | p.86

• Arctic Ocean 북극해

• Canada 캐나다

• Pacific Ocean 태평양

• the United States of America 미국

• Atlantic Ocean 대서양

• the Rocky Mountains 로키 산맥

• Niagara Falls 나이아가라 폭포

• the Statue of Liberty 자유의 여신상

| 문제 정답 및 해석 | p.87

Comprehension Checkup

Ⓐ **가장 알맞은 답을 고르세요.**

1. 본문은 주로 무엇에 관한 글입니까? [c]

a. 북아메리카의 날씨

b. 캐나다의 중요성

c. 북아메리카에 있는 나라들

2. 캐나다에 관하여 사실인 것은 무엇입니까? [a]

a. 미국의 이웃 나라입니다.

b. 미국의 남쪽에 위치합니다.

c. 북아메리카에서 세 번째로 큰 국가입니다.

3. 미국의 서쪽에는 무엇이 있습니까? [b]

a. 대서양

b. 태평양

c. 캐나다

4. 본문에서 무엇을 추론할 수 있습니까?   [b]

  a. 북아메리카는 거대한 사막에 둘러싸여 있습니다.

  b. 캐나다는 미국과 국경을 공유합니다.

  c. 미국은 북아메리카에서 가장 큰 국가입니다.

Ⓑ **맞는 문장은 T를, 맞지 않는 문장은 F를 고르세요.**

1. 북아메리카는 세 번째로 큰 대륙입니다.   [T]

2. 미국은 북아메리카의 북부에 있습니다.   [F]

Vocabulary Focus

Ⓐ **다음 단어를 알맞은 뜻과 연결하세요.**

1. 이르다 ---- **b.** 공간에 펼쳐지다

2. 국경 ---- **c.** 두 국가 사이에 있는 선

3. 서쪽 ---- **a.** 해가 지는 방향

4. 부분 ---- **d.** 어떤 것의 전체를 이루는 지역 중 하나

Ⓑ **다음 빈칸에 알맞은 단어를 고르세요.**

이르다 / 동쪽 / 중앙의 / 국가

1. 캐나다는 북아메리카에서 가장 큰 국가입니다.   [country]

2. 캐나다는 세계의 거의 맨 윗부분까지 이릅니다.   [reaches]

3. 미국은 북아메리카의 중심부에 있습니다.   [central]

4. 미국의 동쪽에는 대서양이 있습니다.   [east]

Grammar Focus

서수

첫 번째, 두 번째, 세 번째처럼 순서를 나타낼 때는 서수를 사용합니다. 첫 번째는 first, 두 번째는 second, 세 번째는 third, 그 다음부터는 fourth, fifth, sixth, seventh 등으로 말합니다. 이 단어들은 명사 앞에 쓰일 때가 많습니다.

알맞은 단어를 고르세요.

1. 북아메리카는 세 번째로 큰 대륙입니다.   [third]

2. 아프리카는 두 번째로 큰 대륙입니다.   [second]

3. 오늘의 첫 번째 수업은 역사입니다.   [first]

Summary

주어진 단어를 이용해 빈칸을 채워 본문을 요약하세요.

중앙의 / 가장 큰 / 대륙 / 세 번째의 / 북쪽의

North America is the third-largest continent. Canada is the largest country in North America, and the United States of America is in the central part of North America.

북아메리카는 세 번째로 큰 대륙입니다. 캐나다가 북아메리카에서 가장 큰 국가이며, 미국은 북아메리카의 중심부에 있습니다.

Workbook
별책 p.13

Ⓐ **그림에 알맞은 단어를 골라 쓰세요.**

1. part   **2.** border   **3.** west

4. east   **5.** almost   **6.** the United States

Ⓑ **그림을 보고 알맞은 단어에 동그라미 하세요.**

1. 미국의 수도는 워싱턴 D.C. 입니다.   [ⓐ]

2. 우리는 우주의 아주 작은 부분만 알고 있습니다.   [ⓐ]

3. 동쪽은 서쪽의 반대입니다.   [ⓑ]

4. 그는 책에 닿기 위해 팔을 뻗습니다.   [ⓑ]

| 정답 |

Review Vocabulary Test

Ⓐ **1.** contain / 포함하다 **2.** central / 중앙의 **3.** border / 국경 **4.** plow / 쟁기

Ⓑ **1.** neighbor **2.** tasks **3.** covers **4.** largest

Ⓒ

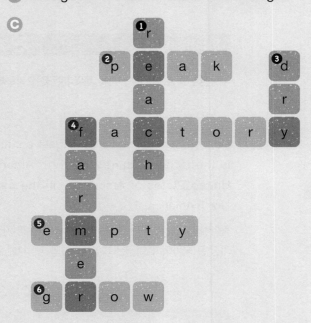

Review Grammar Test

Ⓐ **1.** cannot **2.** simpler **3.** and **4.** bigger

Ⓑ **1.** This is the highest building in the city.

2. I know he has little money.

3. That is the second-largest company in Korea.

Review Vocabulary Test

Ⓐ 알맞은 단어와 우리말 뜻을 쓰세요.

1. 무엇을 안에 가지고 있다   [contain / 포함하다]
2. 한 지역의 가운데에 있는   [central / 중앙의]
3. 두 국가 사이에 있는 선   [border / 국경]
4. 땅을 파는 도구   [plow / 쟁기]

Ⓑ 다음 빈칸에 알맞은 단어를 고르세요.

> 걸쳐 있다 / 가장 큰 / 이웃 / 일

1. 유럽은 아시아의 이웃입니다.   [neighbor]
2. 도구는 일을 더 쉽게 만들어 주는 것입니다.   [tasks]
3. 아시아는 세계 육지의 약 30%에 걸쳐 있습니다.   [covers]
4. 캐나다는 북아메리카에서 가장 큰 국가입니다.   [largest]

Ⓒ 크로스워드 퍼즐을 완성하세요.

가로

❷ 산의 뾰족한 꼭대기   [peak]
❹ 상품이 만들어지는 건물   [factory]
❺ 안에 아무(것)도 없는   [empty]
❻ 무언가를 심고 돌보다   [grow]

세로

❶ 공간에 펼쳐지다   [reach]
❸ 비가 오지 않는   [dry]
❹ 농장에서 일하는 사람   [farmer]

Review Grammar Test

Ⓐ 알맞은 단어를 고르세요.

1. 나는 그것을 혼자 할 수 없습니다.   [cannot]
2. 나는 저것보다 더 단순한 것을 원합니다.   [simpler]
3. 형과 나는 영화에 관심이 있습니다.   [and]
4. 컴퓨터는 오늘날보다 더 컸습니다.   [bigger]

Ⓑ 밑줄 친 단어를 바르게 고친 다음 문장을 다시 쓰세요.

1. [This is the highest building in the city.]
   이것이 그 도시에서 가장 높은 건물입니다.
2. [I know he has little money.]
   나는 그가 돈을 거의 가지고 있지 않다는 것을 알고 있습니다.
3. [That is the second-largest company in Korea.]
   저것이 한국에서 두 번째로 큰 회사입니다.

The Hare and the Tortoise

p.94

| 본문 해석 | 토끼와 거북이

옛날에, 자신은 빨리 달릴 수 있다고 항상 자랑하는 토끼 한 마리가 있었습니다. 어느 날, 토끼는 다른 동물들에게 말했습니다. "아무도 나보다 더 빨리 달릴 수는 없을 거야. 누구든 나하고 경주해 볼래?" 한 거북이가 "내가 너와 경주해 볼게."라고 말했습니다. 토끼는 웃었습니다. "네가!" "진심이니?" 거북이가 말했습니다. "그럼, 정말이야," "우리 경주해 볼까?" 그래서 경주가 시작되었습니다. 토끼는 쏜살같이 뛰어나갔고, 순식간에 거북이를 훨씬 앞섰습니다. 거북이는 느리지만 꾸준한 속도로 계속 움직였습니다. 토끼는 생각했습니다. '잠깐 낮잠 좀 자야겠다.' 그래서 토끼는 잠들었습니다. 거북이가 토끼를 지나갈 때도 토끼는 여전히 잠들어 있었습니다. 토끼는 잠에서 깨어나 앞을 봤습니다. 거북이가 결승선을 통과하고 있었고, 경주에서 승리하게 되었습니다.

| 정답 |

Comprehension Checkup Ⓐ **1.** b **2.** c **3.** b **4.** c Ⓑ **1.** F **2.** T

Vocabulary Focus Ⓐ **1.** a **2.** d **3.** b **4.** c

Ⓑ **1.** darted **2.** hare **3.** steady **4.** tortoise

Grammar Focus **1.** A tortoise said, "I will race you."

2. When the hare woke up, he looked ahead.

Summary boasting / race / darted / steady / crossing

| 삽화 말풍선 문장 | p.94

① 토끼는 자기 자신을 너무 자랑스러워해.

② 거북이가 경주에서 이겼어.

| Vocabulary | p.95

- hare 몡 토끼
- race 통 경주하다 몡 경주
- serious 혱 진지한
- ahead 뷔 (공간, 시간상으로) 앞에, 앞으로
- steady 혱 꾸준한
- boast 통 자랑하다
- tortoise 몡 거북이
- dart 통 쏜살같이 달리다
- nap 몡 낮잠

| Reading Focus | p.95

- 토끼는 왜 잠깐 낮잠을 자야겠다고 생각했나요?
- 무엇 때문에 토끼는 경주에서 졌나요?

| 문제 정답 및 해석 | p.97

Comprehension Checkup

Ⓐ 가장 알맞은 답을 고르세요.

1. 이야기의 교훈은 무엇입니까? [b]

   a. 시간은 금이다.

   b. 느려도 꾸준히 하면 결국 이긴다.

   c. 입에 쓴 약이 몸에 좋다.

2. 토끼는 왜 낮잠을 잤습니까? [c]

   a. 결승선을 통과했기 때문에

   b. 다리를 다쳤기 때문에

   c. 거북이보다 훨씬 더 앞서 있었기 때문에

3. 토끼가 잠에서 깨어났을 때 무슨 일이 일어났습니까? [b]

   a. 거북이가 토끼를 지나가고 있었습니다.

   b. 거북이가 결승선을 통과하고 있었습니다.

   c. 거북이가 토끼 옆에서 잠자고 있었습니다.

4. 이야기에서 무엇을 추론할 수 있습니까? [c]

   a. 토끼는 밤에 자는 것에 어려움을 겪었습니다.

   b. 거북이는 동물과 경주하는 것을 싫어했습니다.

c. 토끼는 결코 자신이 경주에서 질 거라고 생각해 본 적이 없었습니다.

B 맞는 문장은 T를, 맞지 않는 문장은 F를 고르세요.

1. 여러 동물들이 토끼와 경주하고 싶어했습니다.　　　　[F]
2. 처음에 거북이는 토끼보다 뒤쳐져 있었습니다.　　　　[T]

Vocabulary Focus

A 다음 단어를 알맞은 뜻과 연결하세요.

1. 자랑하다 ---- a. 자신이 얼마나 뛰어난지 다른 사람들에게 말하다
2. 경주하다 ---- d. 속도를 겨루는 대회에서 경쟁하다
3. 앞에 ---- b. 어떤 사람 또는 어떤 것의 앞에서
4. 낮잠 ---- c. 낮에 잠깐 자는 것

B 다음 빈칸에 알맞은 단어를 고르세요.

쏜살같이 달려갔다 / 거북이 / 꾸준한 / 토끼

1. 토끼는 쏜살같이 달렸고, 순식간에 거북이를 훨씬 앞섰습니다.
　　　　　　　　　　　　　　　　　　　　　[darted]
2. 토끼는 생각했습니다. '낮잠 좀 자야겠다.'　　　　[hare]
3. 거북이는 느리지만 꾸준한 속도로 계속 움직였습니다.
　　　　　　　　　　　　　　　　　　　　　[steady]
4. 거북이가 토끼를 지나갈 때도 토끼는 여전히 잠들어 있었습니다.
　　　　　　　　　　　　　　　　　　　　　[tortoise]

Grammar Focus

일반동사의 과거형

모든 동사는 과거형이 있습니다. 규칙 변화하는 동사들은 〈동사원형 + -(e)d〉의 형태로 쓰지만, 불규칙하게 변화하는 동사의 과거형은 따로 외워 두어야 합니다.

규칙 변화	· laugh – laughed	· move – moved
불규칙 변화	· say – said	· think – thought

밑줄 친 단어를 과거형으로 바꾼 다음 문장을 다시 쓰세요.

1. [A tortoise said, "I will race you."]
한 거북이가 "내가 너와 경주해 볼게."라고 말했습니다.
2. [When the hare woke up, he looked ahead.]
토끼는 잠에서 깨어나 앞을 봤습니다.

Summary

주어진 단어를 이용해 빈칸을 채워 본문을 요약하세요.

꾸준한 / 쏜살같이 달려갔다 / 통과하는 / 자랑하는 / 경주하다

A hare was boasting that he could run fast. A tortoise wanted to race the hare. When the race began, the hare darted off, but the tortoise moved along at a slow, steady pace. The hare took a nap. When the hare woke up, the tortoise was crossing the finish line to win the race.

토끼 한 마리가 자신은 빨리 달릴 수 있다고 자랑하고 있었습니다. 한 거북이가 토끼와 경주하고 싶었습니다. 경주가 시작되자, 토끼는 쏜살같이 달려 나갔지만, 거북이는 느리지만 꾸준한 속도로 계속 움직였습니다. 토끼는 낮잠을 잤습니다. 토끼가 깨어났을 때, 거북이는 결승선을 통과하고 있었고 경주에서 승리하게 되었습니다.

Workbook
별책 p.14

A 그림에 알맞은 단어를 골라 쓰세요.

1. boast　　　2. race　　　3. tortoise
4. ahead　　　5. hare　　　6. nap

B 그림을 보고 알맞은 단어에 동그라미 하세요.

1. 그는 매우 진지한 사람입니다.　　　　　　　　[@]
2. 그녀는 쏜살같이 달리고 있습니다.　　　　　　[ⓑ]
3. 이 고양이는 낮잠을 자고 있습니다.　　　　　　[ⓑ]
4. 달팽이는 꾸준한 속도로 움직이고 있습니다.　　[@]

The Grasshopper and the Ants

p.100

| 본문 해석 | 개미와 베짱이

어느 화창한 여름날 들판에서, 베짱이 한 마리가 깡충깡충 뛰어다니며 즐겁게 놀고 있었습니다. 근처에서 개미떼는 열심히 일하고 있었습니다. 개미들은 다가올 길고 추운 겨울을 대비하여 땅속에 집을 짓고 그 안을 식량으로 채우고 있었습니다. 여름 내내, 개미들이 일하는 동안 베짱이는 춤추고 노래했습니다. 그렇습니다. 베짱이는 명랑한 친구였지만 미래에 대해서는 전혀 생각하지 않았습니다.

어느 날, 베짱이는 쌀쌀한 기운을 느꼈습니다. 나날이 날씨가 더 추워졌고, 얼마 지나지 않아 베짱이가 노래하고 춤추던 들판은 헐벗고 딱딱해졌습니다. 이제, 추운 겨울날이 베짱이에게 다가왔고 그는 춥고 배도 고팠습니다. 베짱이는 개미들의 집으로 가서 식량을 요청했습니다. 그러나 개미들은 거절했습니다.

| 정답 |

Comprehension Checkup Ⓐ **1.** c **2.** b **3.** c **4.** c Ⓑ **1.** T **2.** F

Vocabulary Focus Ⓐ **1.** b **2.** c **3.** a **4.** d Ⓑ **1.** grasshopper **2.** hard **3.** chill **4.** bare

Grammar Focus **1.** of **2.** about **3.** in

Summary enjoying / preparing / hard / freezing / food

| 삽화 말풍선 문장 | p. 100

① 베짱이는 전혀 일하지 않았어.

② 베짱이는 몹시 춥고 배가 고팠어.

| Vocabulary | p. 101

- fine 휑 (날씨가) 좋은, 화창한
- grasshopper 몡 메뚜기, 베짱이
- hop 동 깡충깡충 뛰다
- nearby 핀 근처에, 가까이에
- hard 휑 열심히 하는; 딱딱한 핀 열심히
- fellow 몡 친구
- future 몡 미래
- chill 몡 냉기, 한기
- bare 휑 (나무 등이) 헐벗은
- freezing 휑 몹시 추운

| Reading Focus | p. 101

- 왜 베짱이는 일하지 않았나요?
- 개미들은 왜 베짱이를 도와주지 않았나요?

| 문제 정답 및 해석 | p. 103

Comprehension Checkup

Ⓐ **가장 알맞은 답을 고르세요.**

1. 이야기의 교훈은 무엇입니까? [c]
  a. 들판은 놀기에 좋은 장소입니다.
  b. 겨울에는 날이 더 쌀쌀해 집니다.
  c. 힘든 시기에 대비해야 합니다.

2. 개미들은 왜 열심히 일하고 있었습니까? [b]
  a. 노는 방법을 몰랐기 때문에
  b. 겨울에 대비해야 했기 때문에
  c. 베짱이를 돕고 싶었기 때문에

3. 겨울이 찾아오자, 베짱이는 무엇을 했습니까? [c]
  a. 자신의 집에 식량을 채웠습니다.
  b. 열심히 일하기 시작했습니다.
  c. 개미들에게 식량을 요청했습니다.

4. 개미들은 왜 베짱이를 돕지 않았습니까? [c]
  a. 베짱이가 그들을 놀렸기 때문에

b. 베짱이가 그들에게 도움을 요청하지 않았기 때문에

c. 그들이 일하는 동안 베짱이는 놀았기 때문에

B 맞는 문장은 T를, 맞지 않는 문장은 F를 고르세요.

1. 여름 내내, 개미들은 계속 일했습니다. [T]

2. 베짱이는 겨울을 나기 위한 식량을 충분히 저장해 놓았습니다. [F]

Vocabulary Focus

A 다음 단어를 알맞은 뜻과 연결하세요.

1. 화창한 ---- **b.** 맑거나 쾌적한

2. 깡충깡충 뛰다 ---- **c.** 짧고 빠르게 뛰어서 움직이다

3. 근처에 ---- **a.** 멀지 않은 곳에

4. 냉기, 한기 ---- **d.** 추운 기운

B 다음 빈칸에 알맞은 단어를 고르세요.

> 열심히 하는 / (나무 등이) 헐벗은 / 베짱이 / 냉기

1. 베짱이 한 마리가 깡충깡충 뛰어다니며 즐겁게 놀고 있었습니다. [grasshopper]

2. 근처에서 개미떼는 열심히 일하고 있었습니다. [hard]

3. 어느 날, 베짱이는 공기 중의 냉기를 느꼈습니다. [chill]

4. 겨울에 들판은 헐벗고 딱딱해졌습니다. [bare]

Grammar Focus

> 전치사 at, for, about, in, of

전치사 at, for, about, in, of의 주요 의미는 다음과 같습니다.

at: ~에서 for: 동안, ~를 위해

about: ~에 대해서 in: ~ 안에서 of: ~의

알맞은 단어를 고르세요.

1. 이제 겨울의 추운 날이 베짱이에게 다가왔습니다. [of]

2. 그는 미래에 대해서 전혀 생각하지 않았습니다. [about]

3. 베짱이는 공기에서 냉기를 느꼈습니다. [in]

Summary

주어진 단어를 이용해 빈칸을 채워 본문을 요약하세요.

> 식량 / 몹시 추운 / 딱딱한 / 준비하고 있는
> / 즐기고 있는

In a field on a summer's day, a grasshopper was enjoying himself while ants were working hard. Ants were preparing food for winter. The days kept getting cooler, and the fields turned bare and hard. The grasshopper was freezing and hungry. He asked the ants for food. But they said "No."

어느 여름날 들판에서 개미들이 열심히 일하고 있는 동안 베짱이 한 마리는 즐거운 시간을 보내고 있었습니다. 개미들은 겨울에 대비하여 식량을 준비하고 있었습니다. 날이 계속 더 추워지고 들판은 헐벗고 딱딱해졌습니다. 베짱이는 몹시 춥고 배도 고팠습니다. 베짱이는 개미들에게 식량을 요청했습니다. 하지만 개미들은 거절했습니다.

Workbook 별책 p.15

A 그림에 알맞은 단어를 골라 쓰세요.

1. nearby **2.** grasshopper **3.** hop

4. chill **5.** fine **6.** future

B 그림을 보고 알맞은 단어에 동그라미 하세요.

1. 그는 열심히 공부하고 있습니다. [ⓑ]

2. 밖은 매우 춥습니다. [ⓐ]

3. 겨울에 나무는 헐벗어 있습니다. [ⓐ]

4. 그는 매우 독특한 친구입니다. [ⓑ]

Classical Music

p.106

| 본문 해석 | **클래식 음악**

클래식 음악은 서양 세계 국가들의 표준 음악입니다. 클래식 음악은 재능 있는 음악가들이 작곡해 왔습니다. 잘 훈련된 다른 음악가들이 그것을 연주할 수 있습니다.

클래식 음악을 잘 작곡하고 연주하려면 훌륭한 기술이나 기량이 필요합니다. 그래서 클래식 음악은 예술 음악이라고 불릴 수도 있습니다.

| 정답 |

Comprehension Checkup Ⓐ **1.** c **2.** c **3.** b **4.** a Ⓑ **1.** F **2.** T

Vocabulary Focus Ⓐ **1.** c **2.** b **3.** d **4.** a

Ⓑ **1.** standard **2.** composed **3.** play **4.** performing

Grammar Focus **1.** by **2.** by **3.** by

Summary standard / Western / talented / music / called

| 삽화 말풍선 문장 | p. 106

① 클래식 음악은 서양 세계의 표준 음악이야.

② 음악을 작곡하고 연주하려면 훌륭한 기술과 기량이 필요해.

| **Vocabulary** | p. 107

- classical music 명 클래식 음악, 고전 음악
- standard 형 표준의
- compose 동 작곡하다
- talented 형 재능 있는
- play 동 연주하다
- perform 동 연주하다, 공연하다
- skill 명 기량, 기술

| **Reading Focus** | p. 107

- 누가 클래식 음악을 작곡했나요?
- 사람들은 왜 클래식 음악을 예술 음악이라고 부르나요?

| 본문 그림 자료 | p. 108

Great Classical Musicians of the 18th Century

18세기의 위대한 클래식 음악가

- Bach 바흐
- Handel 헨델

Great Classical Musicians of the 18th to 19th Century 18~19세기의 위대한 클래식 음악가

- Beethoven 베토벤
- Schubert 슈베르트
- Mozart 모차르트

Great Classical Musicians of the 19th Century

19세기의 위대한 클래식 음악가

- Tchaikovsky 차이코프스키
- Brahms 브람스

| 문제 정답 및 해석 | p. 109

Comprehension Checkup

Ⓐ 가장 알맞은 답을 고르세요.

1. 본문은 주로 무엇에 관한 글입니까? [c]

  a. 클래식 음악이 연주되는 장소

  b. 클래식 음악을 작곡하는 사람들

  c. 클래식 음악이 무엇인지

2. 클래식 음악은 무엇입니까? [c]

  a. 평범한 사람들을 위한 음악입니다.

  b. 작곡가들이 연주하는 예술 음악입니다.

  c. 서양 국가들의 표준 음악입니다.

3. 재능 있는 음악가들은 무엇을 했습니까? [b]

  a. 악기를 만들었습니다.

b. 클래식 음악을 작곡했습니다.

c. 대중 음악을 연주하는 것을 배웠습니다.

4. 왜 클래식 음악을 예술 음악이라고 부를 수 있습니까? [a]

    a. 클래식 음악을 작곡하고, 잘 연주하려면 엄청난 기술이 필요하기 때문에

    b. 클래식 음악은 서양 세계에서 온 것이기 때문에

    c. 클래식 음악은 평범한 음악가들이 작곡해 오고 있기 때문에

B 맞는 문장은 T를, 맞지 않는 문장은 F를 고르세요.

1. 평범한 사람들이 클래식 음악을 작곡했습니다. [F]

2. 클래식 음악을 작곡하는 것은 기술이 필요합니다. [T]

Vocabulary Focus

A 다음 단어를 알맞은 뜻과 연결하세요.

1. 작곡하다 ---- **c.** 음악 한 곡을 쓰다

2. 재능 있는 ---- **b.** 특별한 능력을 가진

3. 연주하다, 공연하다 ---- **d.** 음악 한 곡을 연주하거나 연극하다

4. 기량, 기술 ---- **a.** 훈련으로 얻은 무엇을 매우 잘 하는 능력

B 다음 빈칸에 알맞은 단어를 고르세요.

연주하다 / 작곡된 / 표준의 / 연주하는 것

1. 클래식 음악은 서양 세계 국가들의 표준 음악입니다.

    [standard]

2. 클래식 음악은 재능 있는 음악가들에 의해 작곡되어 왔습니다.

    [composed]

3. 잘 훈련된 음악가들이 클래식 음악을 연주할 수 있습니다.

    [play]

4. 클래식 음악을 잘 작곡하고 연주하는 것은 훌륭한 기술을 필요로 합니다.

    [performing]

Grammar Focus

행위자를 나타내는 by

by + 명사: (명사)에 의해서

누군가에 의해, 또는 무엇인가에 의해 어떤 일이 일어난다는 의미를 나타낼 때는 전치사 by를 사용합니다. 이때 by는 '~에 의해서'라는 의미를 나타내며 by 바로 다음에는 명사가 옵니다.

알맞은 단어를 고르세요.

1. 그것은 재능 있는 음악가들에 의해 작곡되어 왔습니다. [by]

2. 아시아는 지중해, 흑해, 북극해, 태평양, 그리고 인도양에 의해 둘러싸여 있습니다. [by]

3. 민속 음악은 일반적으로 보통 사람들에 의해 불립니다. [by]

Summary

주어진 단어를 이용해 빈칸을 채워 본문을 요약하세요.

~라 불리는 / 재능 있는 / 음악 / 표준의 / 서양의

Classical music is the standard music of the Western world. It has been composed by talented musicians. Classical music can also be called art music.

클래식 음악은 서양 세계의 표준 음악입니다. 클래식 음악은 재능 있는 음악가들이 작곡해 왔습니다. 클래식 음악은 또한 예술 음악이라고도 불릴 수 있습니다.

Workbook
별책 p.16

A 그림에 알맞은 단어를 골라 쓰세요.

1. talented   **2.** compose   **3.** play

4. perform   **5.** skill   **6.** classical music

B 그림을 보고 알맞은 단어에 동그라미 하세요.

1. "멈춤"의 표준적인 상징은 붉은 팔각형입니다. [ⓐ]

2. 그는 피아노를 연주하고 있습니다. [ⓑ]

3. 그녀는 재능 있는 음악가입니다. [ⓐ]

4. 그녀는 뛰어난 기술로 춤추고 있습니다. [ⓐ]

p.112

| 본문 해석 | **재즈**

재즈는 1900년경 미국 남부에 있는 뉴올리언스에서 탄생했습니다. 그곳에는 많은 아프리카계 미국인 음악가들이 살고 있었습니다. 그들은 블루스라고 불리는 음악을 연주했습니다. 블루스 음악은 아프리카 음악의 영향을 받았습니다. 재즈 음악은 블루스 음악을 유럽 음악과 혼합했습니다. 재즈 음악가들은 트럼펫, 색소폰, 클라리넷, 드럼, 더블 베이스, 피아노, 밴조, 그리고 기타와 같은 악기들을 사용했습니다.

| 정답 |

Comprehension Checkup　Ⓐ **1.** c　**2.** b　**3.** b　**4.** c　Ⓑ **1.** T　**2.** F

Vocabulary Focus　Ⓐ **1.** d　**2.** c　**3.** b　**4.** a

　　Ⓑ **1.** born　**2.** influenced　**3.** mixed　**4.** trumpet

Grammar Focus　**1.** They played music called the blues.

　　2. Classical music can be called art music.

Summary　born / musicians / Jazz / mixed / European

| 삽화 말풍선 문장 | p.112

① 재즈는 뉴올리언스에서 탄생했어.
② 블루스 음악은 아프리카 음악의 영향을 받았어.

| Vocabulary | p.113

• jazz 몡 재즈
• born 휑 탄생한, 태어난
• blues 몡 블루스
• influence 통 영향을 미치다
• mix 통 혼합하다, 섞다
• instrument 몡 악기
• trumpet 몡 트럼펫
• saxophone 몡 색소폰
• clarinet 몡 클라리넷
• drum 몡 드럼

| Reading Focus | p.113

• 재즈 음악은 무엇인가요?
• 재즈 음악가들은 어떤 악기들을 사용하나요?

| 본문 그림 자료 | p.114

Instruments of Jazz 재즈 악기

• trumpet 트럼펫
• clarinet 클라리넷
• double bass 더블 베이스
• banjo 밴조
• saxophone 색소폰
• drums 드럼
• piano 피아노
• guitar 기타

| 문제 정답 및 해석 | p.115

Comprehension Checkup

Ⓐ **가장 알맞은 답을 고르세요.**

1. 본문은 주로 무엇에 관한 글입니까?　　　　　　[c]
　a. 아프리카계 미국인 음악가
　b. 유럽 음악의 영향
　c. 재즈의 시작

2. 재즈는 어디에서 탄생했습니까?　　　　　　　　[b]
　a. 유럽에서
　b. 뉴올리언스에서
　c. 아프리카에서

3. 재즈 음악은 무엇을 함께 혼합했습니까?　　　　[b]
　a. 트럼펫과 색소폰

b. 블루스 음악과 유럽 음악

c. 아프리카 음악과 피아노

4. 본문에서 무엇을 추론할 수 있습니까?　　　　　　　[c]

  a. 유럽 사람들은 처음에 재즈를 좋아하지 않았습니다.

  b. 대부분의 재즈 악기는 블루스 음악에서 유래했습니다.

  c. 재즈는 아프리카 음악과 유럽 음악의 특징을 보여줍니다.

Ⓑ 맞는 문장은 T를, 맞지 않는 문장은 F를 고르세요.

1. 재즈 음악은 1900년경에 탄생했습니다.　　　　　　[T]

2. 블루스 음악은 유럽 음악의 영향을 받았습니다.　　　[F]

Vocabulary Focus

Ⓐ 다음 단어를 알맞은 뜻과 연결하세요.

1. 악기 ---- d. 음악을 만들기 위해 연주하는 어떤 것

2. 혼합하다, 섞다 ---- c. 다른 것들을 합하다

3. 탄생한, 태어난 ---- b. 존재하기 시작한

4. 블루스 ---- a. 아프리카계 미국인 문화에서 유래한 느리고 슬픈 유형의 음악

Ⓑ 다음 빈칸에 알맞은 단어를 고르세요.

   영향을 받은 / 탄생한 / 트럼펫 / 혼합했다

1. 재즈는 1900년경 뉴올리언스에서 탄생했습니다.　　[born]

2. 블루스 음악은 아프리카 음악의 영향을 받았습니다.

                     [influenced]

3. 재즈 음악은 블루스 음악을 유럽 음악과 혼합했습니다.

                     [mixed]

4. 재즈 음악가들은 트럼펫과 색소폰 같은 악기들을 사용했습니다.

                     [trumpet]

Grammar Focus

  be called: ～라고 불리다　　called: ～라고 불리는

동사 call에 '～라고 부르다'라는 뜻이 있습니다. 예를 들어, 'They

call me John.'은 '그들이 나를 존이라고 부른다.'라는 의미입니다. 그런데 '～라고 불리다'라는 의미를 나타낼 때는 be called로 씁니다. '존이라고 불리는 소년'처럼 명사를 꾸며 줄 때는 be동사 없이 'the boy called John'처럼 씁니다.

밑줄 친 단어를 바르게 고친 다음 문장을 다시 쓰세요.

1. [They played music called the blues.]
   그들은 블루스라고 불리는 음악을 연주했습니다.

2. [Classical music can also be called art music.]
   클래식 음악은 또한 예술 음악이라고도 불릴 수 있습니다.

Summary

주어진 단어를 이용해 빈칸을 채워 본문을 요약하세요.

   음악가들 / 재즈 / 혼합했다 / 유럽의 / 태어난

Jazz was born around 1900 in New Orleans. African American musicians made Jazz music. They mixed blues music from Africa with European music.

재즈는 1900년경 뉴올리언스에서 탄생했습니다. 아프리카계 미국인 음악가들이 재즈 음악을 만들었습니다. 그들은 아프리카로부터 온 블루스 음악을 유럽 음악과 혼합했습니다.

Workbook　　　　　　　　　　　　　별책 p.17

Ⓐ 그림에 알맞은 단어를 골라 쓰세요.

1. blues　　　2. born　　　3. mix

4. trumpet　　5. drum　　　6. instrument

Ⓑ 그림을 보고 알맞은 단어에 동그라미 하세요.

1. 그는 색소폰을 연주하고 있습니다.　　　　　　　[ⓑ]

2. 클라리넷은 아름다운 소리를 냅니다.　　　　　　[ⓑ]

3. 음악은 여러분의 감정에 영향을 끼칠 수 있습니다.　[ⓐ]

4. 그들은 재즈를 연주하고 있습니다.　　　　　　　[ⓐ]

Review Test

p.118

| 정답 |

Review Vocabulary Test

Ⓐ **1.** nearby / 근처에   **2.** perform / 연주하다, 공연하다   **3.** boast / 자랑하다

   4. instrument / 악기

Ⓑ **1.** influenced   **2.** bare   **3.** steady   **4.** standard

Ⓒ **1.** born   **2.** fine   **3.** chill   **4.** compose   **5.** mix   **6.** race   **7.** nap

f	w	q	e	z	b	w	y
b	c	o	m	p	o	s	e
u	h	e	i	r	r	w	h
p	i	c	f	i	n	e	o
j	l	a	a	l	v	e	r
c	l	w	l	d	n	r	a
x	c	d	o	h	y	a	w
r	e	m	i	x	u	c	p
a	c	k	t	v	n	e	s

Review Grammar Test

Ⓐ **1.** fell   **2.** about   **3.** of   **4.** by

Ⓑ **1.** That music is called rock.   **2.** It is really cold in winter.
   3. Classical music has been composed by talented musicians.

Review Vocabulary Test

Ⓐ 알맞은 단어와 우리말 뜻을 쓰세요.

1. 멀지 않은 곳에   [nearby / 근처에]

2. 음악 한 곡을 연주하거나 연극하다

[perform / 연주하다, 공연하다]

3. 자신이 얼마나 뛰어난지 다른 사람들에게 말하다

[boast / 자랑하다]

4. 음악을 만들기 위해 연주하는 어떤 것   [instrument / 악기]

Ⓑ 다음 빈칸에 알맞은 단어를 고르세요.

(나무 등이) 헐벗은 / 꾸준한 / 표준의 / 영향을 받은

1. 블루스 음악은 아프리카 음악의 영향을 받았습니다.

[influenced]

2. 겨울에 들판은 헐벗고 딱딱해 졌습니다.   [bare]

3. 거북이는 느리지만 꾸준한 속도로 계속 움직였습니다.

[steady]

4. 클래식 음악은 서양 세계 국가들의 표준 음악입니다.

[standard]

Ⓒ 빈칸에 알맞은 단어를 쓰세요. 그 다음 퍼즐에서 그 단어들을 찾아 동그라미 하세요.

1. 존재하기 시작한   [born]

2. 맑거나 쾌적한   [fine]

3. 추운 기운   [chill]

4. 음악 한 곡을 쓰다   [compose]

5. 다른 것들을 합하다   [mix]

6. 속도를 겨루는 대회에서 경쟁하다   [race]

7. 낮에 잠깐 자는 것   [nap]

Review Grammar Test

Ⓐ 알맞은 단어를 고르세요.

1. 그는 몇 분 전에 잠이 들었습니다.   [fell]

2. 베짱이는 미래에 대해 전혀 생각하지 않았습니다.   [about]

3. 재즈는 1900년경 미국의 남부에 있는 뉴올리언스에서 탄생했습니다.   [of]

4. 이 모래성은 루카스에 의해 지어졌습니다.   [by]

Ⓑ 밑줄 친 단어를 바르게 고친 다음 문장을 다시 쓰세요.

1. [That music is called rock.]
그 음악은 록이라고 불립니다.

2. [It is really cold in winter.]
겨울에는 정말 춥습니다.

3. [Classical music has been composed by talented musicians.]
클래식 음악은 재능 있는 음악가들에 의해 작곡되어 왔습니다.

p.122

| 본문 해석 | **따뜻하고 시원한 색깔들**

크레용, 매직펜, 색연필, 또는 오일 파스텔을 따뜻한 색깔 더미와 시원한 색깔 더미로 분류하세요. 그 다음, 따뜻한 색깔들만 사용해서 나무를 그려 보세요. 다음으로, 시원한 색깔들만 사용해서 똑같은 것을 그려 보세요.

당신의 그림을 보았을 때, 각각의 그림에서 어떤 생각이 드나요? 어느 그림이 가장 마음에 드나요?

| 정답 |

Comprehension Checkup Ⓐ **1.** a **2.** a **3.** a **4.** b Ⓑ **1.** F **2.** T

Vocabulary Focus Ⓐ **1.** d **2.** c **3.** b **4.** a

Ⓑ **1.** crayons **2.** picture **3.** Draw **4.** thoughts

Grammar Focus **1.** Separate **2.** Draw **3.** Wake

Summary pictures / cool / thoughts / mind / favorite

| 삽화 말풍선 문장 | p. 122

① 따뜻한 색깔과 시원한 색깔이 있어.
② 여러가지 색깔은 우리에게 다양한 생각을 하게 해 줘.

| Vocabulary | p. 123

• separate 통 분리하다, 나누다
• crayon 명 크레용
• marker 명 매직펜
• oil pastel 명 오일 파스텔
• pile 명 더미
• draw 통 그리다
• thought 명 생각
• favorite 명 가장 좋아하는 것

| Reading Focus | p. 123

• 따뜻한 색깔과 시원한 색깔은 어떤 것인가요?
• 어떤 색깔이 시원한 색깔이라고 생각하나요?

| 본문 그림 자료 | p. 124

• crayons 크레용
• markers 매직펜
• colored pencils 색연필
• oil pastels 오일 파스텔

| 문제 정답 및 해석 | p. 125

Comprehension Checkup

Ⓐ **가장 알맞은 답을 고르세요.**

1. 본문은 주로 무엇에 관한 글입니까? [a]
 a. 따뜻하고 시원한 색깔에 관한 생각
 b. 다양한 색깔을 사용하는 방법
 c. 나무 그림을 그리기 위한 다양한 도구

2. 색깔은 두 가지 범주로 나뉠 수 있습니다. 그것들은 무엇입니까?
 a. 따뜻하고 시원한 색깔 [a]
 b. 크레용의 색깔과 색연필의 색깔
 c. 매직펜으로 그린 색깔과 오일 파스텔로 그린 색깔

3. 색깔에 관해 사실인 것은 무엇입니까? [a]
 a. 색깔은 다양한 생각을 떠오르게 합니다.
 b. 오일 파스텔은 따뜻한 색깔보다 시원한 색깔을 더 많이 가지고 있습니다.
 c. 색깔은 어떠한 지시 없이 사용되어서는 안됩니다.

4. 본문에서 무엇을 추론할 수 있습니까? [b]
 a. 크레용은 오일 파스텔보다 더 좋습니다.
 b. 예술가들은 그들의 감정과 생각을 색으로 표현할 수 있습

니다.

c. 많은 사람들이 나무 그림을 좋아합니다.

B 맞는 문장은 T를, 맞지 않는 문장은 F를 고르세요.

1. 여러분에게 크레용을 세 개의 그룹으로 나누라고 말합니다.

[F]

2. 시원한 색깔로 나무 그림을 그릴 수 있습니다. [T]

Vocabulary Focus

A 다음 단어를 알맞은 뜻과 연결하세요.

1. 분리하다, 나누다 ---- **d.** 사물이나 사람을 떨어뜨려 옮기다

2. 매직펜 ---- **c.** 두꺼운 심이 있는 커다란 펜

3. (쌓아 놓은) 더미 ---- **b.** 서로의 위에 포개져 있는 많은 것들

4. 가장 좋아하는 것 ---- **a.** 다른 것들보다 더 선호하는 것 또는 사람

B 다음 빈칸에 알맞은 단어를 고르세요.

그림 / 생각 / 크레용 / 그리다

1. 여러분의 크레용과 매직펜을 따뜻하고 시원한 색깔 더미로 분류하세요. [crayons]

2. 따뜻한 색깔만 사용해서 나무 그림을 그려 보세요. [picture]

3. 시원한 색깔만 사용해서 똑같은 것을 그려 보세요. [Draw]

4. 각각의 그림이 마음에 어떤 생각을 떠오르게 하나요?

[thoughts]

Grammar Focus

명령문

명령문은 상대방인 you에게 무엇을 하라고 명령하거나 지시를 내릴 때 사용하는 문장입니다. 명령문을 만들 때는 주어를 생략하고 동사를 맨 앞에 쓰면 됩니다. 이때 동사는 반드시 동사원형으로 써야 합니다.

알맞은 단어를 고르세요.

1. 크레용이나 오일 파스텔을 따뜻한 색깔 더미와 시원한 색깔 더미로 분류하세요. [Separate]

2. 따뜻한 색깔들만 사용해서 나무 그림을 그려 보세요. [Draw]

3. 아침에 일찍 일어나세요. [Wake]

Summary

주어진 단어를 이용해 빈칸을 채워 본문을 요약하세요.

생각 / 마음 / 그림 / 가장 좋아하는 것 / 시원한

Draw two pictures of a tree using only warm colors and using only cool colors. When you look at the pictures, what thoughts come to mind? Which is your favorite?

따뜻한 색깔만 사용하고, 시원한 색깔만 사용해서 두 개의 나무 그림을 그려 보세요. 그 그림들을 볼 때 마음에 어떤 생각이 떠오르나요? 당신이 가장 좋아하는 것은 무엇인가요?

Workbook 별책 p.18

A 그림에 알맞은 단어를 골라 쓰세요.

1. oil pastel **2.** crayon **3.** pile

4. marker **5.** thought **6.** separate

B 그림을 보고 알맞은 단어에 동그라미 하세요.

1. 그녀는 그림을 그리고 있습니다. [ⓑ]

2. 이것들은 크레용입니다. [ⓐ]

3. 그가 가장 좋아하는 음식은 피자입니다. [ⓑ]

4. 그는 책 더미 사이에서 책을 읽고 있습니다. [ⓐ]

The Hunters in the Snow

p.128

| 본문 해석 | **눈 속의 사냥꾼**

피터르 브뤼헐의 〈눈 속의 사냥꾼〉에서, 어떤 계절이 보이나요? 봄보다 겨울에 밝은 색깔이 덜 보입니다.

이 화가는 추운 겨울 날씨를 나타내기 위해 주로 흰색, 검은색, 그리고 갈색을 사용했습니다. 나무들은 헐벗었고, 얼어붙은 연못의 얼음같이 차가운 회녹색은 하늘의 칙칙한 색깔과 잘 어울립니다.

| 정답 |

Comprehension Checkup Ⓐ **1.** b **2.** c **3.** a **4.** c Ⓑ **1.** F **2.** T

Vocabulary Focus Ⓐ **1.** c **2.** a **3.** b **4.** d

　　　　　　　　　　　Ⓑ **1.** spring **2.** weather **3.** winter **4.** dull

Grammar Focus **1.** In **2.** in / in **3.** in / in

Summary white / cold / Bare / dull / weather

| 삽화 말풍선 문장 | p.128

① 봄보다 겨울에 밝은 색깔이 덜 보여.

② 흰색, 검은색, 갈색은 추운 날씨를 표현해.

| **Vocabulary** | p.129

- hunter 명 사냥꾼
- season 명 계절
- winter 명 겨울
- spring 명 봄
- weather 명 날씨
- pond 명 연못
- match 동 어울리다
- dull 형 칙칙한, 탁한

| **Reading Focus** | p.129

- 추운 날씨를 나타낼 때 주로 무슨 색깔을 사용하나요?
- 헐벗은 나무들이 무엇을 생각나게 하나요?

| 문제 정답 및 해석 | p.131

Comprehension Checkup

Ⓐ **가장 알맞은 답을 고르세요.**

1. 본문은 주로 무엇에 관한 글입니까?　　　　　　　[b]
- **a.** 한 미술 작품의 위대함
- **b.** 겨울을 나타내는 색깔
- **c.** 겨울 나무를 표현하는 방법

2. 추운 날씨를 나타내기 위해 어떤 색깔이 필요합니까?　[c]
- **a.** 빨간색과 파란색
- **b.** 노란색과 주황색
- **c.** 흰색과 검은색

3. 〈눈 속의 사냥꾼〉에서 나무들은 어떤 모습입니까?　[a]
- **a.** 나무들은 잎이 없습니다.
- **b.** 나무들은 쓰러져 있습니다.
- **c.** 나무들은 잎으로 가득합니다.

4. 〈눈 속의 사냥꾼〉에서 하늘은 어떤 유형의 색깔이 사용되었습니까?　　　　　　　　　　　　　　　　[c]
- **a.** 밝은 색깔

b. 시원한 색깔

c. 칙칙한 색깔

B 맞는 문장은 T를, 맞지 않는 문장은 F를 고르세요.

1. 〈눈 속의 사냥꾼〉에는 밝은 색깔이 많이 있습니다. [F]

2. 〈눈 속의 사냥꾼〉에서 연못은 얼음같이 차가운 회녹색입니다.

[T]

Vocabulary Focus

A 다음 단어를 알맞은 뜻과 연결하세요.

1. 사냥꾼 ---- **c.** 야생 동물을 사냥하는 사람

2. 계절 ---- **a.** 일 년의 네 기간 중 하나

3. 연못 ---- **b.** 좁은 민물 구역

4. 어울리다 ---- **d.** 어떤 것과 잘 어울리다

B 다음 빈칸에 알맞은 단어를 고르세요.

겨울 / 봄 / 칙칙한 / 날씨

1. 봄보다 겨울에 밝은 색깔이 덜 보입니다. [spring]

2. 브뤼헐은 추운 겨울 날씨를 나타내기 위해 주로 흰색과 검은색, 그리고 갈색을 사용했습니다. [weather]

3. 겨울에는 나무들이 헐벗어 있습니다. [winter]

4. 얼어 붙은 연못의 얼음같이 차가운 회녹색은 하늘의 칙칙한 색깔과 잘 어울립니다. [dull]

Grammar Focus

전치사 in

전치사 in은 쓰임이 다양해서 장소나 시간을 나타내는 말 앞에 모두 올 수 있습니다. 도시나 국가 등 특정 장소 '안에' 있다고 할 때 in을 쓰며, 계절 앞에도 전치사 in을 사용합니다.

빈칸에 알맞은 단어를 쓰세요.

1. 피터르 브뤼헐의 〈눈 속의 사냥꾼〉에서, 어떤 계절이 보이나요?

[In]

2. 봄에서보다 겨울에 밝은 색깔이 덜 보입니다. [in / in]

3. 재즈는 1900년경 미국 남부에 있는 뉴올리언스에서 탄생했습니다. [in / in]

Summary

주어진 단어를 이용해 빈칸을 채워 본문을 요약하세요.

헐벗은 / 칙칙한 / 날씨 / 흰색 / 추운

In *The Hunters in the Snow*, Bruegel used white, black, and brown to suggest the cold winter weather. Bare trees, the icy gray-green pond, and the dull color of the sky were also used to show the cold weather in the picture.

〈눈 속의 사냥꾼〉에서 브뤼헐은 추운 겨울 날씨를 나타내기 위해 흰색과 검은색, 그리고 갈색을 사용했습니다. 헐벗은 나무, 얼음같이 차가운 회녹색의 연못, 그리고 하늘의 칙칙한 색깔 역시 그림 속 추운 날씨를 나타내기 위해 사용되었습니다.

Workbook   별책 p.19

A 그림에 알맞은 단어를 골라 쓰세요.

1. weather **2.** hunter **3.** spring

4. pond **5.** season **6.** winter

B 그림을 보고 알맞은 단어에 동그라미 하세요.

1. 그의 선글라스는 그의 옷차림과 어울립니다. [ⓑ]

2. 그들이 가장 좋아하는 계절은 겨울입니다. [ⓐ]

3. 이것은 겨울의 헐벗은 나무입니다. [ⓑ]

4. 회색은 칙칙한 색깔로 여겨집니다. [ⓐ]

A Sum and Ways of Saying Addition

p.134

| 본문 해석 | **합계와 덧셈을 말하는 방법**

두 개 이상의 숫자를 함께 더할 때 얻는 결과를 합계라고 합니다. 2+3의 합계는 5입니다.

2+3=5를 말하는 여러 방법이 있습니다. "2 더하기 3은 5와 같다.", "2 더하기 3은 5이다."

또는 "2와 3은 5를 만든다." 등으로 말합니다.

| 정답 |

Comprehension Checkup Ⓐ **1.** c **2.** a **3.** b **4.** a Ⓑ **1.** T **2.** F

Vocabulary Focus Ⓐ **1.** c **2.** a **3.** d **4.** b

Ⓑ **1.** together **2.** sum **3.** equals **4.** make

Grammar Focus **1.** There are different ways of saying 2+3=5.

2. There is a man sitting on the bench.

Summary add / sum / different / addition / saying

| 삽화 말풍선 문장 | p. 134

① 합계는 숫자들을 더한 값이야.

② 4+1의 합계는 5야.

| Vocabulary | p. 135

- add 동 더하다
- number 명 숫자
- together 부 함께
- result 명 결과
- sum 명 합, 합계
- plus 전 더하기
- equal 동 같다

| Reading Focus | p. 135

- 언제 합계를 구할 수 있나요?
- 2+3은 무엇인가요?

| 문제 정답 및 해석 | p. 137

Comprehension Checkup

Ⓐ 가장 알맞은 답을 고르세요.

1. 본문은 주로 무엇에 관한 글입니까? [c]

a. 합계의 중요성

b. 덧셈에 필요한 숫자들

c. 합계와 덧셈을 말하는 방법

2. 합계란 무엇입니까? [a]

a. 덧셈에서 얻은 결과

b. 덧셈을 말하는 방법

c. 5를 만드는 숫자들

3. 올바르지 않은 것은 무엇입니까? [b]

a. 3 더하기 4는 7입니다.

b. 5 더하기 2는 10과 같습니다.

c. 1과 9는 10을 만듭니다.

4. 어떤 문제의 합계가 9입니까? [a]

a. 1 더하기 8

b. 2 더하기 6

c. 3 더하기 5

B 맞는 문장은 T를, 맞지 않는 문장은 F를 고르세요.

1. 합계는 숫자들을 더해서 나옵니다. [T]

2. 10과 5는 5를 만듭니다. [F]

Vocabulary Focus

A 다음 단어를 알맞은 뜻과 연결하세요.

1. 함께 ---- **c.** 누군가 혹은 다른 무엇과 함께

2. 합계 ---- **a.** 숫자들을 더한 결과

3. 같다 ---- **d.** 다른 무엇과 똑같다

4. 숫자 ---- **b.** 양을 나타내는 말이나 부호

B 다음 빈칸에 알맞은 단어를 고르세요.

합계 / 만들다 / 같다 / 함께

1. 두 개의 숫자를 함께 더하세요. [together]

2. 덧셈에서 얻는 결과는 합계라고 불립니다. [sum]

3. 2 더하기 3은 5와 같습니다. [equals]

4. 2와 3은 5를 만듭니다. [make]

Grammar Focus

There is/are ~

There is + 단수 명사: ~이 있다

There are + 복수 명사: ~이 있다

'~이 있다'라는 존재를 나타낼 때 There is나 There are를 씁니다. There is 뒤에는 단수 명사가 오고 There are 뒤에는 복수 명사가 옵니다.

밑줄 친 단어를 바르게 고친 다음 문장을 다시 쓰세요.

1. [There are different ways of saying 2+3=5.]
2+3=5를 말하는 여러 방법이 있습니다.

2. [There is a man sitting on the bench.]
벤치에 앉아 있는 남자가 한 명 있습니다.

Summary

주어진 단어를 이용해 빈칸을 채워 본문을 요약하세요.

덧셈 / 말하는 것 / 다양한 / 합계 / 더하다

When you add more than two numbers together, the result you get is called the sum. There are different ways of saying addition. *Plus, and, equal, is,* and *make* are the words used for saying addition.

두 개 이상의 숫자를 함께 더할 때 얻는 결과는 합계라고 불립니다. 덧셈을 말하는 다양한 방법이 있습니다. '더하기', '~와', '같다', '~이다', 그리고 '만들다'는 덧셈을 말할 때 사용되는 단어들입니다.

Workbook 별책 p. 20

A 그림에 알맞은 단어를 골라 쓰세요.

1. sum **2.** number **3.** equal

4. plus **5.** add **6.** together

B 그림을 보고 알맞은 단어에 동그라미 하세요.

1. 1에서 10까지의 숫자 중에서 하나를 고르세요. [ⓐ]

2. 이 문제의 합계는 4입니다. [ⓐ]

3. 그녀는 시험 결과에 만족합니다. [ⓐ]

4. 6 더하기 3은 9와 같습니다. [ⓑ]

Greater Than and Less Than

p.140

| 본문 해석 | '보다 더 큰'과 '보다 더 작은'

5가 4보다 1이 더 많기 때문에 숫자 5는 숫자 4보다 더 큽니다. 이것은 또한 5 > 4라고도 쓸 수 있습니다. '>' 기호는 '~보다 더 큰'을 의미합니다.

숫자 3은 숫자 4보다 더 작습니다. 이것은 또한 3 < 4라고도 쓸 수 있습니다. '<' 기호는 '~보다 더 작은'을 의미합니다.

| 정답 |

Comprehension Checkup Ⓐ **1.** a **2.** c **3.** b **4.** b Ⓑ **1.** T **2.** F

Vocabulary Focus Ⓐ **1.** c **2.** a **3.** d **4.** b

Ⓑ **1.** because **2.** also **3.** greater **4.** written

Grammar Focus **1.** than **2.** than **3.** than

Summary greater / written / less / than / also

| 삽화 말풍선 문장 | p. 140

① 숫자 5는 숫자 4보다 더 커.
② 숫자 3은 숫자 4보다 더 작아.

| Vocabulary | p. 141

• greater 형 더 큰
• because 접 ~ 때문에
• more 형 더 많은
• also 부 또한
• write 동 쓰다(write-wrote-written)
• sign 명 기호, 부호
• mean 동 의미하다
• less 형 더 작은

| Reading Focus | p. 141

• 'greater'(더 큰)는 무슨 뜻인가요?
• 'less'(더 작은)는 무슨 뜻인가요?

| 본문 그림 자료 | p. 142

• 5 is greater than 4. 5는 4보다 더 크다.
• 3 is less than 4. 3은 4보다 더 작다.

| 문제 정답 및 해석 | p. 143

Comprehension Checkup

Ⓐ 가장 알맞은 답을 고르세요.

1. 본문은 주로 무엇에 관한 글입니까? [a]
    a. 다른 숫자보다 더 크거나 더 작은 숫자
    b. 숫자의 기호
    c. 글로 표현된 숫자

2. '4는 3보다 더 크다'를 어떻게 적을 수 있습니까?
    a. $4 = 3$ [c]
    b. $4 < 3$
    c. $4 > 3$

3. $4 < 5$를 어떻게 말합니까? [b]
    a. 4와 5는 9를 만듭니다.
    b. 4는 5보다 더 작습니다.
    c. 4는 5보다 더 큽니다.

4. 어느 숫자가 8보다 더 작습니까? [b]
    a. 9
    b. 7
    c. 10

B 맞는 문장은 T를, 맞지 않는 문장은 F를 고르세요.

1. '9는 8보다 더 크다'를 9 > 8로 쓸 수 있습니다. [T]

2. '<' 기호는 '~보다 더 큰'을 의미합니다. [F]

Vocabulary Focus

A 다음 단어를 알맞은 뜻과 연결하세요.

1. 쓰다 ---- c. 종이에 연필로 글자를 만든다

2. 더 많은 ---- a. 수량, 액수, 숫자가 더 큰

3. 기호, 부호 ---- d. 특정한 의미를 가지고 있는 상징

4. 더 작은 ---- b. 수량, 액수, 숫자가 더 작은

B 다음 빈칸에 알맞은 단어를 고르세요.

쓰여진 / 또한 / 더 큰 / ~ 때문에

1. 5가 4보다 1이 더 많기 때문에 숫자 5는 숫자 4보다 더 큽니다. [because]

2. 이것은 또한 5 > 4로 쓰여질 수 있습니다. [also]

3. '>' 기호는 '~보다 더 큰'을 의미합니다. [greater]

4. 숫자 3은 숫자 4보다 더 작습니다. 이것은 또한 3 < 4라고도 쓰여질 수 있습니다. [written]

Grammar Focus

비교급 + than

than은 '~보다'를 의미하는 단어로, 비교급과 함께 어울려 씁니다. than 뒤에는 비교 대상을 씁니다.

빈칸에 알맞은 단어를 쓰세요.

1. 숫자 5는 숫자 4보다 더 큽니다. [than]

2. 5가 4보다 1이 더 많습니다. [than]

3. 숫자 3은 숫자 4보다 더 작습니다. [than]

Summary

주어진 단어를 이용해 빈칸을 채워 본문을 요약하세요.

더 작은 / 쓰여진 / 또한 / ~보다 / 더 큰

The number 5 is greater than the number 4. This can also be written 5 > 4. The number 3 is less than the number 4. This can also be written 3 < 4.

숫자 5는 숫자 4보다 더 큽니다. 이것은 5 > 4라고도 쓰여질 수 있습니다. 숫자 3은 숫자 4보다 더 작습니다. 이것은 또한 3 < 4 라고 쓰여질 수 있습니다.

Workbook 별책 p. 21

A 그림에 알맞은 단어를 골라 쓰세요.

1. greater **2.** write **3.** sign

4. more **5.** less **6.** mean

B 그림을 보고 알맞은 단어에 동그라미 하세요.

1. 그는 아프기 때문에 침대에 누워있습니다. [ⓑ]

2. 그녀는 공책에 쓰고 있습니다. [ⓑ]

3. '+' 기호는 당신이 더하기를 하고 있음을 보여줍니다. [ⓐ]

4. 이 자전거는 새 것이지만, 또한 비싸기도 합니다. 값이 많이 나갑니다. [ⓐ]

p.146

| 정답 |

Review Vocabulary Test

A **1.** equal / 같다 **2.** more / 더 많은 **3.** match / 어울리다 **4.** separate / 분리하다, 나누다

B **1.** greater **2.** piles **3.** sum **4.** dull

C

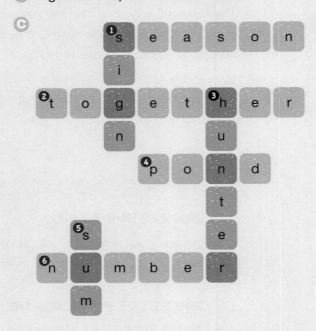

Review Grammar Test

A **1.** is **2.** in / in **3.** than **4.** Draw

B **1.** There are few bright colors in winter.

2. Finish your homework by tomorrow.

3. The number 5 is greater than the number 4.

Review Vocabulary Test

Ⓐ 알맞은 단어와 우리말 뜻을 쓰세요.

1. 다른 무엇과 똑같다   [equal / 같다]

2. 수량, 액수, 숫자가 더 큰   [more / 더 많은]

3. 어떤 것과 잘 어울리다   [match / 어울리다]

4. 사물이나 사람을 떨어뜨려 옮기다

[separate / 분리하다, 나누다]

Ⓑ 다음 빈칸에 알맞은 단어를 고르세요.

합계 / 더미 / 칙칙한 / 더 큰

1. '>' 기호는 '~보다 <u>더 큰</u>'을 의미합니다.   [greater]

2. 크레용을 따뜻한 색깔과 시원한 색깔 <u>더미</u>로 분류하세요.

[piles]

3. 2+3의 <u>합계</u>는 5입니다.   [sum]

4. 얼어붙은 연못의 얼음같이 차가운 회녹색은 하늘의 <u>칙칙한</u> 색깔과 잘 어울립니다.   [dull]

Ⓒ 크로스워드 퍼즐을 완성하세요.

가로

❶ 일 년의 네 개 기간 중 하나   [season]

❷ 누군가 혹은 다른 무엇과 함께   [together]

❹ 좁은 민물 구역   [pond]

❻ 양을 나타내는 말이나 부호   [number]

세로

❶ 특정한 의미를 가지고 있는 상징   [sign]

❸ 야생 동물을 사냥하는 사람   [hunter]

❺ 숫자들을 더한 결과   [sum]

Review Grammar Test

Ⓐ 알맞은 단어를 고르세요.

1. 책상 위에 가방이 하나 있습니다.   [is]

2. 한국에서는 여름에 비가 자주 옵니다.   [in / in]

3. 숫자 6은 숫자 9보다 더 작습니다.   [than]

4. 따뜻한 색깔들만 사용해서 나무 그림을 <u>그려 보세요</u>. [Draw]

Ⓑ 밑줄 친 단어를 바르게 고친 다음 문장을 다시 쓰세요.

1. [There <u>are</u> few bright colors in winter.]
겨울에는 밝은 색깔이 거의 없습니다.

2. [<u>Finish</u> your homework by tomorrow.]
내일까지 숙제를 끝내라.

3. [The number 5 is greater <u>than</u> the number 4.]
숫자 5는 숫자 4보다 더 큽니다.

영어 리딩의 최종 목적지, 논픽션 리딩에 강해지는

미국교과서 리딩
READING   LEVEL 3 ②

논픽션 독해력	미국 교과과정의 핵심 지식 습득과 독해력 향상
문제 해결력	지문 내용을 완전히 소화하도록 하는 수준별 독해 유형 연습
통합사고력	배경지식과 새로운 정보를 연결하여 내 것으로 만드는 연습
자기주도력	스스로 계획하고 성취도를 점검하는 자기주도 학습 습관 형성